# 服务设计基础及思维方法探究

史　巍◎著

文化发展出版社
Cultural Development Press
·北京·

**图书在版编目（CIP）数据**

服务设计基础及思维方法探究 / 史巍著 . — 北京 ：
文化发展出版社，2023.10
ISBN 978-7-5142-4116-7

Ⅰ . ①服… Ⅱ . ①史… Ⅲ . ①商业服务－服务模式－
研究 Ⅳ . ① F719

中国国家版本馆 CIP 数据核字 (2023) 第 203351 号

**服务设计基础及思维方法探究**

史　巍　著

出 版 人：宋　娜
责任编辑：王　晶　　　　　责任校对：侯　娜
责任印制：杨　骏　　　　　封面设计：张秋艳
出版发行：文化发展出版社（北京市翠微路 2 号 邮编：100036）
网　　址：www.wenhuafazhan.com
经　　销：全国新华书店
印　　刷：天津和萱印刷有限公司

开　　本：710mm × 1000mm　1/16
字　　数：210 千字
印　　张：11.75
版　　次：2025 年 1 月第 1 版
印　　次：2025 年 1 月第 1 次印刷

定　　价：72.00 元
I S B N：978-7-5142-4116-7

◆ **如有印装质量问题，请电话联系：010-58484999**

# 前 言

服务设计是当前设计研究领域日益受到重视的设计活动，英国不仅在经济领域大力推行服务创新设计，更将触角延伸到需求广阔的医疗健康、教育、基础设施建设等相关公共领域。服务设计方法是从用户需求、行为和心理的服务视角分析，找出服务体验痛点，对服务流程进行规划的一系列设计活动，实践中往往需要跨学科协作和用户参与性合作。回看历史，着眼现在，更是为了在设计学科全面转型升级的浪潮中，服务设计能够成为新的催化剂，帮助人类走向高品质生活。

竞争学专家迈克尔·波特提出了形成国家国际竞争优势的四个阶段——一是要素驱动阶段，二是投资驱动阶段，三是创新驱动阶段，四是财富驱动阶段。资深新闻人托马斯·弗里德曼认为世界上只有两种国家——高创想型国家和低创想型国家。基于此我们可以看到，“创新驱动”和“高创想”正在撬动着整个社会的变革两个时机：以美国“再工业化”、德国“工业 4.0”引领的新一轮科技革命和产业变革与我国加快转变经济发展方式正在形成一种历史性的交汇，国际产业分工格局正在重塑，这是一个历史的时机；以我国“四个全面”引领的，从“中国制造”走向“中国智造”，实现中华民族伟大复兴的中国梦，这亦是一个历史的时机。

抓住这两个时机，用创新驱动发展，是强国的必由之路。制造业是国家强盛的基础，当前传统制造业正在向“服务型制造”转型，设计是“生产性服务业”的重要方面，服务制造的最终结果，是为使用者提供更高品质的服务。设计的本质是强调创新的，在这一轮社会转型升级中设计必将承担起更加重要的责任和体现更加重要的价值。

设计驱动创新发展已经成为国际产业转型升级的新着力点，而提升设计驱动力的关键是人才。如何培养具有现代设计思想与素质的人才是当代设计教育关注的问题。

本书共六章，第一章为服务设计的主题与概念，分别介绍了服务设计的内涵与历程、服务设计的多学科融合、服务设计的组成部分；第二章为服务设计的思维新路，主要内容为正确设计思维的建立、服务设计思维创新方向、服务设计思维中心点；第三章为服务设计的分析手段与工具，论述了服务体验分析手段、服务需求与人物关系分析工具以及服务原型构建工具；第四章为视觉工具辅助下的服务设计思维培养，介绍了移情、定义、设想、原型和测试五大设计思维；第五章为校园展览设计中的服务设计应用，进一步探究了设计展览的主题设定、展览规划与主视觉设计、视觉设计在展场的实际应用与展览中的服务视觉设计；第六章为服务设计在不同领域的发展与未来，论述了设计教育领域中服务设计的应用与发展、服务设计在设计行业的实际进展以及服务设计的未来发展。

在撰写本书的过程中，作者得到了许多专家学者的帮助和指导，参考了大量的学术文献，在此表示真诚的感谢。由于作者水平有限，书中难免会有疏漏之处，希望广大同行及时指正。

史巍

2023 年 3 月

# 目录

# 第一章　服务设计的主题与概念

路甬祥院士指出，在农耕时代—工业时代—知识网络时代的文明发展进程中，设计经历了传统设计（设计 1.0）—现代设计（设计 2.0）—创新设计（设计 3.0）的进化。设计的重点也从关注形式和功能，到而今的关注体验与情感。随着全球产业结构开始从“工业型”向“服务型”转变，服务设计的概念在欧美被提出。服务设计的发展历史并不长，是一个新兴的学科，然而服务设计思维却超越了包豪斯以来的经典现代设计思想，它洞见了设计与创新的本质，超越了传统的设计学科的划分，对各种设计门类进行了交叉与整合，在多学科交叉、系统性和创新态度等方面，体现出自己的优势与特点。本章对服务设计的相关知识进行整合，配合案例进行讲解。

## 第一节　服务设计的内涵与历程

### 一、服务设计的内涵

服务设计是一种跨领域的学问，它结合了各种专业领域的不同方法与工具，是一种新的思考方式，作为一个新兴的学术领域，对于服务设计的理解往往从服务 + 设计的角度出发。

国际设计研究协会给服务设计的定义是：“服务设计是从客户的角度来设置服务的功能和形式。它的目标是确保服务界面是顾客觉得有用的、可用的、想要的；同时服务提供者觉得是有效的、高效的和有识别度的。”

史蒂芬 · 莫瑞兹（Stefan Moritz）在 2005 年提出，服务设计有助于创新或改善服务，让服务更为有效，可行性更高，更符合客户的需求，同时对组织来说也更有效率。这是一个具有整体性、跨领域、整合性的新兴学术领域。

哥本哈根互动设计学院在2008年指出，服务设计是一个新兴的学术领域，其宗旨在于通过整合有形、无形的媒介，创立完整、缜密的服务经验。从实务面来看，服务设计是以为使用者提供完整的服务为目标规划出的系统与流程设计。这种跨领域的学问，必须结合许多设计技巧、管理与程序工程。

英国设计协会对于服务设计的定义是服务设计就是让您提供的服务更具效益，拥有高度的可行性与效率，也更符合顾客期待。

罗仕鉴在《服务设计》一书中指出，服务设计通过服务规划、产品设计、视觉设计和环境设计来提升服务的易用性以及客户的满意度、忠诚度和效率。也包括传递服务的人员，向用户提供更好的体验，为服务提供者和服务接受者创造共同的价值。代福平、辛向阳也给出服务设计的定义：服务设计是针对提供商与对顾客本身、顾客的财物或信息进行作用的业务过程进行设计，旨在使顾客的利益作为提供商的工作目的得以实现。

全球首位服务设计教育者比吉特·麦格教授（Birgit Mager）认为，服务设计是从客户的角度强调服务的功能性和形式。服务设计旨在确保服务从客户的角度看来是有用的、能用的、想用的；从供应商的角度看来又是有效的、高效的、独特的。对于今天的服务设计师而言，传统设计所需的视觉化、制定和编排解决方案的设计手段是面向大批量生产、应对工业社会需求而诞生的产物。在后工业社会，设计师需要观察理解用户的行为模式及要求，从而将设计转化为具备可能性的未来服务。这一过程可用于探索、生成及评估设计的优劣，既能够重构现有的服务系统，又能够发展新服务，这对于服务设计而言都是一种挑战。英国设计协会（British Design Council）作为服务设计的提供者，则代表着商业服务的另一种观点，从面向服务供应商的角度指出，服务设计不是无形的或者给客户或用户的感受。相反，它是实务性的，对服务设计师而言，正是那些被称为服务接触点的东西。因此，服务设计项目是一种策略性项目，其中会用到诸如客户研究、协同合作、创意生成以及早期的原型设计和测试等设计技术，去传递围绕用户真实所需的服务系统。服务设计的目的既是简化复杂问题，同时也提供基于未来考量以及成本控制型的解决方案。

由此可见，服务设计相对于传统设计所涉及的知识面更广、用户群更大、技术含量更高，因此也面临着更大的机遇和挑战。服务设计不仅仅是通过单一产品来解决用户需求，而是更富逻辑性、更全面地思考与完善每个流程步骤来满足用户需求。另外，服务设计的最终结果可以是物质性的也可以是非物质性的。既可以是由某种服务而导出的实体产品，也可以是某种服务而导出的另一种服务，亦可兼而有之。即便是小型的项目，通过服务设计的规划与调整后有可能引发一种创新，使服务更完善、更便利；可让用户各取所需；通过新的用户体验带来新的服务，而新的服务也有可能引出更具有创新意义的服务产品。

服务设计被视为产品设计的延伸与拓展。人们看到，一旦设计的重点从有形的产品向无形的服务转移，伴随而来的至少有三个方面的变化：首先，设计输出由传统的生产端向消费端偏移。除了生产环节的产品质量，在消费环节中围绕此产品所提供的服务是否满足用户需求并带给用户新体验，才是决定设计是否成功、企业是否获利的关键考量。其次，设计对象必由实体产品向服务范围转移。这要求设计构思的过程不再孤立地研究某一物或功能，而是将考察视野扩展到整个服务系统所需的所有接触点，即用户与服务系统接触的每一个环节都是设计师需要全盘考虑的。最后，服务设计最显著的变化，是设计话语权由设计师向用户移交。设计转变为民主设计，由各角色的用户参与设计。事实上，这使设计师在服务设计中的权威地位受到挑战：设计师可以决定产品的三维构成或功能设定，却无法预测或控制产品带给用户的服务质量。设计价值的判断很大程度上不再倚重产品本身，而更多地取决于产品对消费人群日常生活产生的影响，即服务体验。由此生成的过程导向而非实物导向、用户驱导而非设计师导向、消费导向而非生产导向、全程参与而非事后反馈、开放式解决方案而非一次性结果等，决定了服务设计的行为特点和基本特征。

综上所述，服务设计作为一种功能上促进社会进步和谐的设计模式，从学科领域到实践范畴都具备了自然科学与社会科学的双重属性。其矛盾的特殊性，也可视为其视界的综合性和利益的互化性特质。服务设计一方面采用工程学、市场学、管理学的计算模型系统分析等方法来实现其价值最大化，同时也接纳了诸如社会学、人类学、民族志、文化研究等人文学科视野中的多元主义和社会开放姿态；进而，一方面始终努力兼顾多方利益以达成“皆大欢喜”的理想解决方案，另一方面又适应性地建成了“机会主义式的切换机制”和行为准则。

### （一）服务产品设计的内涵

随着科学技术的发展，高效的大批量工业制造一方面极大地丰富了人们身处的环境，另一方面也为人们的日常生活提供了方便。但是，大批量工业制造是以大量生产、大量消费、大量废弃为前提的，其结果必然是环境的恶化与破坏、资源的短缺与过度消耗等问题。可以看到，在人们生活中，有很多物品即使还可以使用，出于过时、功能老套等种种原因，却不得不被淘汰、被丢弃。这些物品大多到其物理性能上完全废弃还有相当长的一段时间。这一段时间可以视为这些物品的空白期，如果没能好好利用，就会造成浪费。

产品设计是面向大批量工业制造而设立的专业，从字面上来看是设计和创造物品。但是，制造物品从根本上来说是为了满足用户某种需求。而用户某种需求就一定要通过制造物品来满足吗？不是，用户的需求得以满足是因为使用了物品，使用物品不代表占有或拥有物品。因此，缓解大量生产、大量消费、大量废弃的环境问题的关键不在于少生产物品，而是减少人们对于物品的占有率或拥有率。因此，设计的思维需首先从让人们“拥有物品”到为人们“实现某种需求进行转变”。

近年来，在这样的思想大背景之下，以服务为研究对象的设计研究与实践受到了一定的关注，由于各个国家与地区在社会、经济、科技发展与文化背景上有一定的差异，尤其是因为语言结构及使用习惯的不同，出现了几种相近的说法，服务产品设计就是其中一种。服务产品设计是将“物、人、环境”综合考虑，提供更好的体验和更优的价值，创造出可以持续使用的产品，缓解环境问题。

服务产品设计本质上是传递服务产品价值的设计，服务产品的价值包含三方面的内容：使用价值、交换价值和感性价值。

使用价值是指某一物品本来有的功能和价值。人们在购买物品之后立即获得其使用价值。

交换价值是指继续使用该物品的成本和更换成新物品的成本进行比较后的价值。实际情况是人们在使用某一物品一段时间以后，逐渐熟悉该物品的操作，对使用该物品形成了一定的习惯，并不想更换新的物品。因此，设计师在服务产品的设计中，以最低的成本对旧物品进行改造，增添新的服务内容，一方面缓解了环境保护的压力，另一方面也充分满足了人们对于旧物品习惯性的使用需求。

感性价值是指人们在使用某一物品时心里感受到的价值。经过长时间使用该物品，人们会在心理上产生依赖和喜爱的感情。

人们持有物品的时间越长，价值的层次逐渐升高，由一开始拥有物品即得到的使用价值，发展为不愿意更换他物的交换价值，最后上升到心理上产生依赖的感性价值。当物品产生交换价值时，消费者不轻易更换物品，更愿意长时间地持有物品。到了感性价值阶段，人们和物品之间的关系更加牢固，这样既有利于减少更换新物品的资源浪费，又有利于环境保护。

21 世纪之前是物品导向逻辑（G-D Logic）的时代，该时代主要追求物品的使用价值和交换价值。21 世纪是服务导向逻辑（S-D Logic）的时代，在这一时代，设计不仅要达到物品的使用价值、交换价值，更要重视物品和人共创的感性价值。而这种共创是建立在品牌忠诚度之外的，让人们对物品产生新的忠诚度的市场因素。这是因为实现了感性价值，人们就会感受到物品的其他价值，物品和服务也都会获得固定购买人群的喜爱。随着服务产品三种价值的维持与增长，物品的可持续性使用得以成为可能。

综上所述，服务设计作为一种构筑行为将物品和人的关系融合，提供具体的解决方法和服务。从使用者的角度出发，在服务时代需要追求的是由服务产生的产品附加价值以及服务产品价值的维持、提升，更需要追求的是以回收利用、客户定制、维护维修等活动为基础的增加产品寿命的设计方法和引起人们喜爱并希望更长时间持有产品的意识策略。

因此，在服务导向逻辑的时代，之前的“以物为中心、经济优先”的思维方式被打破，“以心为中心、生活优先”的价值观逐渐将其替代，人们开始追求从物品的本质中提高其品质，以便能更长时间地使用物品。这样，不是仅仅拥有物品，而是从物品的使用中寻求快乐的体验，得到精神层面的满足感。

### （二）产品服务系统设计的内涵

产品服务系统设计是企业在销售产品时同时提供销售服务的一种商业模式，是一种在产品制造企业负责产品全生命周期服务（生产者责任延伸制度）模式下所形成的产品与服务高度集成、整体优化的新型生产系统。

产品服务系统设计的实质就是整合产品与服务的系统设计。服务的实质是可独立出售或与商品共同出售的一些行为、利益或满足，可以通过服务操作系统供应渠道等提供和传递给被服务对象，使其获取信息材料、能量、产品、体验等内容。对这一整体过程进行设计，其目的是构建一个系统化的解决方案，并有计划地组织各种社会资源，创造新的生活方式。

产品服务系统设计包含以下三种类型。

第一种：以产品为导向的产品服务系统设计。其特点为预设使用者或消费者持有产品，设计的任务是为提升产品的价值，在现有产品的基础上附加或整合新的服务，如产品的升级、维护修理等。

第二种：以使用为导向的产品服务系统设计。其特点为产品由服务提供者所拥有，通过经改造后的销售渠道及支付系统，销售服务，而不是产品本身。其目的是通过共享所需产品的方式来增加物质产品的使用率，如共享、拖车和租赁服务。此时，在整个产品服务系统中，服务所占比重大于产品。

第三种：以结果为导向的产品服务系统设计。其特点为实物产品可以被新的服务所替代，服务提供者通过优化系统结构来为消费提供更有效的服务。例如在网络购物活动中，以在线支付系统来替代银行汇款方式。此时，在整个产品服务系统中，服务所占比重最大。

由此看来，在产品服务系统设计中，产品与服务是不可割裂开来的，在不同的情况下，存在着孰轻孰重的比较与选择。从产品开发的角度来看，产品服务系统设计是围绕产品生命周期每个阶段进行的设计，在产品规划、开发、生产、交付、使用、回收的过程中对产品和服务的功能或结果进行预设。并且，其最终的输出物是一个新的商业模式／社会事务创新模式＋技术解决方案（工程的、设计的）形式。这个商业模式／社会事务创新模式和技术解决方案的表述语言是进行统一化处理过的，能为设计师、工程师、企业家、社会组织所共同理解的。产品或服务是为了实现这一新的商业模式或社会事务创新模式的途径之一，其他的实现途径还可包括界面设计、交互设计、环境设计包装设计、平面传达设计等。

例如，图 1-1-1 为 on the run umbrella 城市雨伞共享案例。在该案例中，设计者不仅完成了雨伞收纳及取用的设施设计，还完成了与之相关的服务系统设计。使用者通过投币的方式可以在城市的定点设施里租借雨伞，在使用完毕后，可以在其他服务点归还雨伞。可见，在“租伞—还伞”这一事件中，设计的重点不在于一把多么适合人手握或是漂亮的雨伞，而是“租伞—还伞”这一事件发生的过程，以及在这一过程中，为了使得事件顺利地进行，而提供给用户的服务。那么，租伞设施、如何使用的图示等的设计都是为了更好地、更高效地传递给用户服务的内容与怎么使用的信息而存在的。所以，尽管“租伞—还伞”这一事件是围绕雨伞而展开的，但在这一过程中，最不需要进行设计的便是雨伞，因为使用现成的雨伞即可。

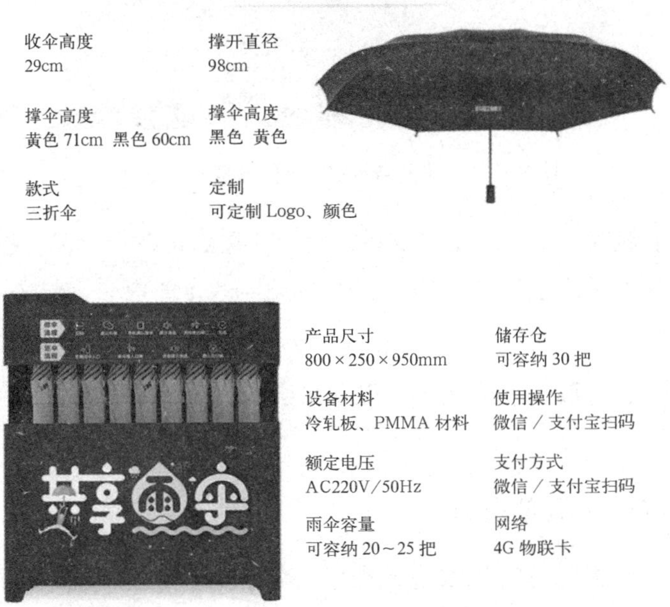


**图 1–1–1　on the run umbrella 城市雨伞共享服务系统**

再如，图 1–1–2 为澳大利亚悉尼市的自行车巴士站服务系统设计，这一产品服务系统存在的目的是让自行车骑行变得更为安全。该系统的特点是使用网络集成器作为自行车巴士站，使得骑行者通过社交网络认识彼此，从而结伴骑行。此外，自行车巴士站还可以提供单车租赁及城市车道的信息。同样地，在这个案例中，自行车本身根本不需要重新进行设计，人们可以使用自己的自行车，也可以租借别人的自行车使用。真正需要设计师进行设计的，是这件事如何进行。例如：人们如何知道自行车巴士站的存在？人们到了自行车巴士站后可以做什么？自行车巴士站是类似停自行车的地方吗？人们是使用现有的社交平台，还是通过新的社交平台认识彼此呢？除了结伴骑行外，自行车巴士站还可以提供什么服务呢？

图 1-1-2　悉尼自行车巴士站服务系统设计

从上述两个案例可知，产品服务系统设计的重点不在于产品，也不在于服务，而在于设计整个系统是如何运行的。认识到这一点非常重要，因为它打破了传统设计专业的界限，让设计师不再拘泥于专业知识的约束，而是从探讨“事”、设计“事”出发去思考问题、理解需求、发现机会点，从而再去考虑是否设计由“事”引出的“物”。

**（三）整合创新设计的内涵**

创新是指以根据现有的思维模式提出有别于常规或常人思路的见解为导向，利用现有的知识和物质，在特定的环境中，本着理想化需要或为满足社会需求，而改进或创造新的事物、方法、元素、路径、环境，并能获得一定有益效果的行为。整合创新是指以价值增值为目标，通过利用并行的方法把企业各创新要素（如观念、文化、战略、技术等）、创新能力和创新实践整合在一起，通过有效的创新管理体系，力争人人都创新、事事有创新，从而产生新的核心竞争力。整合创新不同于技术创新，必须以用户的需求作为推动力，而不是只关注技术本身。在技术扩散不断加速的全球化时代，整合创新对于中国企业既是挑战更是机遇。企业整合创新关键在于创新的持续融合通过并行的方法，将横向、纵向乃至企业和产品生命周期各个组成部分的创新主体、创新要素、创新能力等整合起来，充分利用团队协作，形成开放、交互的创新系统和持续的核心竞争力。

整合创新设计是一种跨领域的，需要通过趋势分析和用户研究明确用户需求，提出产品或服务要求，并通过良好沟通和团队合作能力来共同提出解决方案从而解决问题的设计方法。

学科交叉和整合不仅仅是设计学科领域的趋势，更是反映了后现代或后工业时代人类文明发展探索知识的趋势。知识经济时代应用知识创新价值的关键主要是在于能否满足人类需求。有效管理与应用只是进行创新以及通过整合跨领域达到创新价值的目的。近年来世界商管学院已朝跨领域创新设计的方向发展，包括斯坦福（Stanford University）以及卡内基梅降（Carnegie Mellon University）等大学，采用创新设计思考的实物方法，让电机、医学、工程、设计、管理等不同背景的人能够在一起交流，营造相互激荡设计思考的学习环境。透过工作坊、实验室以及课程，除了让能够参与者学习到设计思考及管理的知识，更能增加跨领域团队创新开发时合作的紧密度。

整合创新设计教育的目的是培养能够定义产品或服务、提供整体解决方案、拥有良好沟通和团队合作能力的职业设计师。基本技能如下。

（1）定义产品或服务：用户研究、市场调研设计心理学、产品评价。

（2）提供整体解决方案：综合设计表达（物行为、系统）、产品与服务的实现（侧重技术和功能的实现）、整合产品与服务的开发、品牌策划和管理。

（3）具有良好沟通和团队合作能力：设计管理设计论证和传播、设计评论、经济学导论。

因此，整合创新设计包含以下内容。

（1）观念整合创新：改变人们对事物的观察角度，必须不断更新知识与观念。在知识经济时代，知识更新换代越来越快，设计师必须根据环境变化不断进行自我否定，不断建立新的思想，寻找新的问题与机遇，挖掘新的用户体验。

（2）文化整合创新：传统文化、现代文化、领域文化和民族文化知识的不断更新与整合。

（3）技术整合创新：电子工程、计算机科学材料与工艺、传感器技术。

（4）战略整合创新：品牌战略、知识产权战略等市场营销战略。

这四大支柱的共同整合组成了真正现代化的系统化设计过程。在现今社会，产品设计已处于饱和状态传统的设计模式已逐渐被淘汰，我们需要运用整合创新理念来了解人文特色和科学技术，用战略模式来挖掘用户的需求，并通过有效的创新体系使最终产品或服务产生核心竞争力，最大化地满足用户需求。

例如，某科技公司在技术创新、原始创新方面并不是业界领先的，旗下风靡全球的数字多媒体播放器，本身没有任何高深的技术，该科技公司仅仅是将互联网上的内容和硬件整合在一起，便为用户营造出一种从未体验过的、便捷的音乐获取方式。正是这种满足消费者需求的整合创新模式将该数字多媒体播放器从硅谷一路推到全世界的消费者面前，获得了前所未有的成功。延续了这样的思路，该科技公司后来推出的手机以及平板电脑也都在全球范围内取得了辉煌的成就。该科技公司推出的所有硬件产品，消费者都可以通过该科技公司提供的服务软件下载任何自己想要的内容。这种“内容硬件”的整合创新模式让苹果公司轻松地摆脱了靠硬件、靠产品、靠技术冲击市场的困难局面。不仅如此，各服务软件之间还可以相互促进，“内容硬件”可以增加苹果“产品硬件”的销量，而随着产品硬件销量的不断上升，会有越来越多的消费者习惯使用“内容硬件”。显然，这是企业的一种良性循环，将“内容硬件”进行整合创新，最终实现“产品硬件”全面占领市场的营销目的。

再如，江南大学整合创新实验班暑期夏令营课题——基于新浪微博的属性DNA 重塑新产品的设计任务书——新浪微博隐形广告推广服务体系。此项目目的主要是使学生可以学会如何进行用户研究、产品定义、发现问题，并通过整合创新设计这个新的设计理念，针对所找到的问题提出相应的解决方案。本案例中的用户分为 3 类：微博用户群、官方微博及广告商。因此在思考概念时需要考虑同时满足这 3 类用户的需求，提出共赢的解决模式。微博类产品的问世，预示着一个媒介新时代的来临。微博这种新的信息传播形态，既不同于传统媒体的线性传播，也不同于网络媒体的网状传播，它是一种裂变传播。这种传播形态的传播速度之迅捷、传播密度之广大、传播方式之便利，远非以往的媒介所能比拟。大数据时代微博的传播功能属性十分突出，广告变得无所不在，用户不希望看到广告，但目前无法杜绝广告。尤其是微博上一些广告以“标题党”的形式出现，让人防不胜防。整个设计的流程如下。

（1）产品性质：了解新浪微博产品性质。

（2）用户调研与访谈：通过无结构式面对面访谈、电话访谈及网络访谈的方式对用户进行关于微博产品使用的访谈。

（3）问题呈现：通过用户访谈发现问题。

（4）产品定义：根据所呈现出来的问题进行分析，定义解决方案的概念。

（5）提出解决方案：建立使用户不反感的新的隐形微博广告推广服务体系，使得三方用户——新浪微博、用户、广告商达成共赢。

如果从服务与上述概念的关系来看，在服务产品设计、产品服务系统设计、整合创新设计之中，服务所占的比例是递增的。由此可见，服务设计在上述概念中所处的地位也是递增的。可以说，在服务产品设计之中，服务是作为产品设计的导向而存在的。其结果可能是一种低成本的产品改进方案或是新产品方案。在产品服务系统设计之中，服务作为串起整个系统的线索，把处于各个服务实施环节上的产品连接在一起；在整合创新设计之中，服务既是方向，又是线索，还是结果，并且是可以实现的、无形的、低成本的尽量不涉及物质产品改进或再设计的结果。这个结果还是一个完整的服务体系，需要在跨学科协作、用户参与的情况下得以设计、实现、完成。

## 二、服务设计的历程

### （一）服务设计的发展过程

最早的服务设计概念出现在管理学领域，早在20世纪80年代就被广泛关注。G. 林恩·肖斯 塔克（G.Lynn Shos tack）在论文*How to Design a Service*和*Designing Services That Deliver*（1984年）中首次提出了管理与营销层面的服务设计概念。而在设计学领域，服务设计概念的正式提出，可以追溯到1991年比尔·荷林斯（Bill Hollins）撰写的*Total Design*一书的出版。同年科隆国际设计学院（KISD）的厄尔霍夫·迈克尔（Michael Erlhoff）与伯吉特·玛格（Birgit Mager）开始将服务设计引入设计教育，其在设计教育界提出，可将服务设计作为一门学科发展研究。1994年，英国标准协会颁布了世界上第一份关于服务设计管理的指导标准；1995年，德国的Brigit Mager是第一位服务设计教授；20世纪90年代中期，IBM在全球首次提出了“服务科学”（Service Science）的说法，并对此展开了研究和学科探讨；2000年，Engine成为第一家专业的服务设计公司（伦敦）；2004年，全球服务设计联盟（Service Design Network,

SDN）由德国科隆大学、卡内基·梅隆大学、林雪平大学以及米兰理工大学等联合创建，旨在从学术的专业角度推广服务设计理念，用于指导企业的服务产业实践。至此，服务设计作为一门学科在全球教育界进行推广与普及，并在全世界扩散。随后SDN进入中国，成立了SDN北京和SDN上海；2003年，卡耐基·梅隆大学成立了服务设计学科；2006年，加州大学伯克利分校开设了服务科学的研究生课程；2010年，赫尔辛基艺术与设计大学、赫尔辛基商学院和赫尔辛基工业大学正式合并，成立了阿尔托大学（Aalto University）；在计划合并的同时，2008年成立了服务工厂（Service Factory），通过多学科、多团队、多模式的交叉整合，研究服务设计的社会热点问题和相关技术，培养多学科交叉的复合型人才。2009年，芬兰埃斯波市的Laurea University of Applied sciences（拉瑞尔应用科技大学）设计了首个服务设计的硕士学位，该学校声明服务创新与设计硕士学位是全球首个多学科学位，结合服务业和服务设计能力，并在该领域内持续走向前列。21世纪初（2010—2019）新十年，“服务设计”走向成熟。2010年，在英国政府的倡议下，又一家设计咨询公司Behavioural lnsights Team（行为洞察小组，现在叫Behavioural Insights Limited，行为洞察有限公司）由心理学家David Halpern领导于英国建立，运用行为经济学理论（首次出现于Richard H.Thaler和Cass R.Sunstein所著的*Nudge：lmproving Decisions about Health，Wealth，and Happiness*）用以提升英国政府的政策和服务，甚至节省开支。2010年，服务设计思维与五个服务设计基本原则出现，一是以用户为中心的，服务应该通过顾客的视角来体验；二是共同创造的，所有利益相关者都应该被考虑到服务设计流程中；三是有次序的，服务应该被可视化成一系列相互关联的行为；四是有证据的，无形的服务应该以物理制品的形式可视化；五是整体的，服务的整个环境都应该被考虑。2011年，服务设计共创节开始举办，服务四要素提出。2015年，开始“面向实践的服务蓝图”探索。2016年，服务设计日诞生，全球服务设计联盟在2016年发起了将每年的6月1日作为Service Design Day（服务设计日）这一个不同学科和背景的人参与的世界性活动，旨在庆祝服务设计，并呼吁所有组织、服务设计师、学生和热心人士参与，通过线上或线下活动为周边的世界创造更多影响力。2017，服务设计受训者认证，SDN又为服务设计领域做出了一个非常具有象征意义的举动，即提供了SDN Acredited

Service Design Trainer（SDN 认证服务设计受训者）的认证。这个创举的目标是使其成员作为高度优质的受训者，为快速增长的市场带来透明度和信任。2018，首届中国服务设计大会在北京召开，5 月 28 日至 6 月 1 日第五届京交会在国家会议中心召开，光华设计基金会作为设计专题的承办方，为响应京交会主题，“打造‘中国服务’国家品牌，助推服务贸易‘开放、创新、融合’”，联合 SDN[ 全球服务设计联盟（北京）]、IXDC（国际体验设计大会）、UXPA（中国用户体验专业协会）、ATOT（技术转化与组织转型趋势联盟）举办了首届中国服务设计大会，以“服务设计促进服务贸易高质量增长”为主题。2019 年 1 月 10 日由我国商务部、财政部、海关总署发布了《服务外包产业重点发展领域指导目录（2018 年版）》。这份目录中提出了 23 个重点发展领域，其中，8 个领域属于信息技术外包（ITO）范畴，6 个领域属于业务流程外包（BPO）范畴，9 个领域属于知识流程外包（KPO）范畴，其中“服务设计服务”则属于其中的知识流程外包（KPO），是在 2016 年版基础上新增的部分。2020 年，服务设计在我国的进一步推动，2020 年 1 月 14 日，商务部等 8 个部门发布了《关于推动服务外包加快转型升级的指导意见》，在其中六个主要任务的第二类“推动重要领域发展”的二个条目为：“扶持设计外包。建设一批国家级服务设计中心。支持各类领军企业、科研院校开放创新设计中心，提升设计外包能力，支持国家级工业设计中心和国家工业设计研究院开展设计服务外包。实施制造业设计能力提升专项行动。”这为服务设计在我国的进一步发展奠定基础。

设计思维和服务营销理念的不断交叉、融合，尤其是以人为本、可持续发展设计原则的引入，大大推动了服务设计研究的发展和成熟。在此过程中，一些具有代表性的著作相继问世，如萨图·米耶蒂宁（Satu Miettinen）等的 *Designing Services with Innovative Methods*（2009 年），索伦·贝曼（*Soren Bechmann*）的 Service Design（2010 年），梅丽·麦金泰尔（Mairi Macintyre）等的 *Service Design and Delivery*（2011 年），马克·蒂克顿（*Marc Stickdorn*）等的 *This is Service Design Thinking*（2012 年），安迪·宝莱恩（*Andy Polaine*）等的 *Service Design：From Insight to Implementation*（2014 年）和 *This is Service Design Doing*（2018 年）等，这些成果的问世，使服务设计理论得到极大的充实。

国际上的知名设计院校，如米兰理工大学、卡耐基·梅隆大学、阿尔托大学、辛辛那提大学等在服务设计教育中的探索，以及一些服务设计机构，如Engine、IBM、IDEO、Live work、31Volts等的行业实践，都从学术层面与实践层面极大地推动了服务设计研究的持续开展和设计方法的拓展。

服务设计在中国对很多企业和院校而言还是一个新概念。在我国，虽然服务设计起步不久，但我国设计教育的蓬勃发展及对服务创新的日益重视，使得服务设计研究呈现出良好的发展态势。

北京大学2005年第一个成立了电子服务系，清华大学2006年建立了现代服务科学与技术研究中心，浙江大学计算机学院于2006年增设了“服务科学”二级学科博士点。尤其近10年来一些设计院校如江南大学、清华大学、湖南大学浙江大学、同济大学等，纷纷开设了服务设计的相关课程和专项研究，并与国外高校开设联合课程。在此期间，国内设计学者对服务设计的关注度也稳步提升，相关研究成果也陆续问世。在设计3.0时代，服务设计呈现出一片良好的发展态势。

### （二）服务设计的发展理念

可持续生产和消费是当前国际社会关注的一个热点问题。在此背景之下，欧美学术界在近10年中不断地讨论为可持续生产和消费而设计的方法及对策，以解决环境问题，如更加环保的生产方式、更为清洁的技术、废品最小化以及回收再利用的途径等。因此，一种新的设计门类应运而生，它以刺激目前的生产和消费模式，并满足社会、经济的变化为目的。据欧美数据统计，在未来40至50年中世界人口数量将会翻倍，食品需求量将是现在的4倍，能源需求量是现在的6倍，因此，人们的收入增长量必须保持8倍以上才能让社会保持良好的秩序与稳定。为此，可以通过减少人口数量、降低消费水平或减缓科技的发展来实现上述目标。降低消费水平只是缓兵之计，没有任何数据及证据显示，发达国家的人民愿意降低自己的消费水平。最近，学术界讨论的焦点集中在将经济去物质化，降低生产及消费中的材料损耗，创造具有相近水平的产品及服务以满足消费者的需求，同时降低环境的负担。

日本千叶大学青木宏行教授在其研究论文中提到，在物品导向逻辑的时代，所有的科学技术都从生产者、制造者的角度出发，开发并应用于人类社会，成本优先成为这个阶段生产制造的特点。楚东晓博士在其关于服务产品设计的论文中指出，在新的技术背景下要向市场提供适合用户的物品。所以，拥有物品成为最有意义的结果，然而，在拥有物品的背后却存在着价格竞争、差别化竞争等无意义的现象这些现象，带来了环境破坏和疏离人情等结果。随着科学技术的发展，追求效率性和便利性物品的制造工业给人们丰富的生活带来了方便。可是现今的制造工业产业经济是以大量生产、大量消费、大量废弃为前提的。这带来了环境破坏等问题。例如，苹果公司每年推出新款平板电脑，新款平板电脑的硬件配置略优于前代平板电脑，而在新款平板电脑推出之后，随即推出新的系统以及应的新应用程序，于是前代平板电脑由于硬件配置低无法带动新代系统，无法使用新应用程序，促使消费者不得不更换新代平板电脑，即便是这些平板电脑还可以使用，却因为过时、功能不新等种种原因，而不得不被淘汰。

物品的制造经历了物品时代、产品时代商品时代，人们将服务设计理念下制造出的物品定义为仁品。在服务导向逻辑的时代，之前的“以物为中心、经济优先”的思维方式被打破，“以心为中心、生活优先”的价值观逐渐将其替代，人们开始追求从物品的本质中提高其品质，以便能更长时间地使用物品。这样，不是仅仅拥有物品，而是从物品的使用中寻求快乐的体验、精神层面的满足感，设计作为一种行为，将物品和人的关系构筑并将其作为背景，提供了具体的解决方法和服务。第一，手工制作物品的时代称作物品时代。在物品时代制造人们需要使用的物品，重视物品本身的价值。当时的手工艺人多用自给自足的方式制作和设计物品。第二，随着科学技术的进步，大量生产迎来了物质充足的时代。第一次世界大战以后，产业界导入产品设计的手法，使制造的产品变成更易于使用、易于接受。当时的产品设计的作用是，以企业技术开发为支撑，设计出各种各样具有竞争力的产品，帮助企业追求最大利益。这个时代就是产品的时代。第三，20 世纪 70 年代后期，满足用户需求的“商品”时代到来。这个时代生产的产品基本可以达到质量要求，但是更需要满足消费者不同的需求。当时的企业经营者，不仅要求产品的成本和品质具有竞争力，更将工业设计作为商业武器，以此增加产品的竞争力。此时消费市场被细分，企业越来越重视品牌的价值，开始站在用户的立场来思考设计的问题。这个时代的产品价值，不单单指其技术质量上的价值，更包含了其满足用户显性需求的价值。第四，21 世纪，物质的浪费、剩余，带来了严重的环境问题。大量生产、大量消费、大量废弃的做法和消费观念遭到了越来越多人的质疑。如果仅仅针对用户的需求进行分析，设计出的产品也只会满足用户当前的显性需求，从某种意义上说，那是没有魅力可言的。此时设计时代的产品为“仁品”“仁”是儒教的最高道德目标，意思是慈悲，相互关心亲爱。所谓仁品，就是本着仁爱之心，为和谐的社会幸福的生活制作出的物品。重视用户的感受，提高物品的附加价值，提供更好的服务。

从消费者的立场看用户需求的问题，可以发现，用户不仅有显性需求，还有隐性需求。如果将显性和隐性需求一并满足，产品的感性价值可以达到最大。而通过服务达到感性价值的提高是在当今被期待的。因为在服务时代，设计的对象不仅仅是事物，而是综合考虑物、人、环境的设计解决方法。

可持续设计（Design for Sustainability）源于可持续发展的理念。威廉·麦克唐纳（William MeDounough）和麦克·布朗加特（Michael Braungart）在《从摇篮到摇篮》一书中以樱花树为例讲述了可持续的理念：樱花树为鸟儿提供住处，其树叶过滤脏空气，其果实为生物提供食物，即使果实烂了、树叶枯了，掉到泥里后一样能为大地带来养分。那么，可持续设计即为从自然界获取原料，通过合理的设计使产品完全由生物可降解的物质构成，废弃后能安全地被自然界充分降解，并为自然界的生物圈提供养分。从产品的整个生命周期来看，设计是源头欧盟有数据显示，产品整个生命周期中 80% 的经济成本、环境损耗和社会影响是由创意和设计阶段决定的，因为设计作为将科学技术转化为产品的手段，一直是刺激用户的潜在需求、建立消费者的价值观和生活方式的开拓者。所以它既在产品或服务开发的前期对整个经济产业链起到决定性的作用，也是决定产品能否达到可持续设计要求的关键。因此设计作为产品的整个生命周期的源头，既是决定产品能否达到可持续设计要求的关键，也是可持续设计发展的新思维。可持续设计理念是均衡考虑经济、环境、道德和社会问题思考设计如何引导和满足消费需求。这一设计理念将环境问题纳入设计思考的基本要素，是对设计应发挥的作用和社会角色的深刻反思，意味着现代设计观念的价值转向，引导设计师具有对人们的自处环境承担责任的生态价值观，关心所有生命的神圣性和后代人的福利。这一理念要求在设计的开发阶段就能兼顾使用者需求、环境利益、社会效益与企业发展需要。在设计变为现实之前，设计者就能全面深入地体验其想法和创意，并预测设计的性能，预期其对环境的影响，避免对环境和资源的破坏和浪费，进而确保日后绿色资源开发、清洁生产、生态环境的不断改善和优化，最终实现人类、资源和环境的相互协调和促进。索尼公司以“为了下一代”（For the Next Generation）为核心理念，设计了名为“odo”的一系列概念产品。这些产品都采用可循环再利用的植物原料塑料或可再生塑料材质；模块之间主要通过天然橡胶材料来黏结在一起，组装和拆解都非常简单；能源方面都采用手动发电和太阳能蓄电。通过odo，不仅让孩子们能够在娱乐中发挥想象、激发活力、产生好奇心，也可以在体验中逐渐建立环保的社会意识和价值观。

消费是社会生产和再生产的一个重要环节，随着人类文明的进步，人们的消费方式和消费观念不断发生着变化。特别是目前以物质增长和物质富裕作为衡量社会发展程度的模式加速了消费社会的到来，使得本来应是作为人的生存方式的消费变成了物质产品依赖型的消费模式，这是有悖于生态学发展规律的，是不“可持续”的。因此，在消费者购买、使用等消费过程中，要进行可持续价值观导向，让他们有合理的价值取向。首先，可以引导消费者转变消费观念，使他们在崇尚自然、追求健康、追求生活舒适的同时，注重环保，节约资源和能源，实现可持续消费。如国家战略部署、公共传播媒体以及实施的塑料购物袋有偿使用制度等措施都是对消费大众的方向引领强。而这些引领也确实达到了较好的效果。如近来出现的乐活族LOHAS（Lifestyle of Health And Sustainability），他们强调“健康、可持续的生活方式”，崇尚义利合一、天人合一与自身心灵均衡发展的价值观。在消费时，他们吃健康的食品与有机蔬菜，穿天然材质棉麻衣物，利用二手家用品，骑自行车或步行，会考虑自己和家人的健康以及对生态环境的责任心。目前在美国，每人中就有一人是“乐活族”，欧洲约有1/3，而在我国才刚刚开始，但是随着加入“乐活族”的人越来越多，相信如果大多数人都能拥有这样一种贴近生活本源，自然、健康、精致的生活态度，那么可持续设计就离中国人不远了。

## 第二节　服务设计的多学科融合

服务设计是一门跨领域的学科，是在体验设计、交互设计、产品设计、平面设计等基础上的整合设计。通过对有形和无形接触点进行系统、有组织的挖掘来创造价值，是一种全新的思考方式，因此服务设计包含很多相关学科。

## 一、视觉设计与服务设计的融合

所有的产品或服务在面市时，都必须包含视觉设计的元素。视觉是设计五感中最重要的一个，要作出有效的服务设计，就必须考虑视觉因素所产生的影响。在现代社会，人类对于社会的感知，要比过去更依赖视觉的刺激，而数字媒体传递的信息越来越多，视觉内容也承载了更多信息传达的任务。

任何服务都需要经过视觉化后才能为人们所看到、触摸到，然后再使用起来。因此，在服务设计中，平面／图形设计师的主要任务就是将有关服务的一切方面以各种图形表现出来。例如，在表现服务流程中使用的指路系统（way finding system）、用户使用界面（user interface）、象形图（pictograms）、包装形态及用户使用手册等都会以平面图形表现，这些都属于传统平面／图形设计的范畴。

通过视觉设计进行有效的信息传达，可以提升服务设计的整体质量。服务设计与视觉设计的关系可以总结为以下 3 点。

（1）视觉设计作为服务设计的一种外在表现，用来提升服务设计的效率与质量。如图 1–2–1 所示，有两家距离相同、咖啡口味相同、价格也相同的咖啡店，你去哪一家呢？在还没有接触到服务的时候，视觉是人们能够了解一份产品或服务的第一印象，也是最直接的方式。如果某个品牌的视觉设计都不能引起你的兴趣或者满足你的品位，那么你一定不会对其服务抱任何期待。

**图 1–2–1　两家咖啡店的视觉设计**

唐纳德·诺曼（Donald Norman）在设计情感中提出，设计情感的 3 个层次是本能、行为和反思（如图 1–2–2）。本能层次是产品给人形成的第一印象，视觉、听觉、触觉在情感传达中起着主导作用。在本能层次中，产品的情感通过形态、色彩、材料等因素进行表达，是使用者最直观的情感体验。在第二个层次，行为层次的情感化设计是人们在使用产品时产生的情感体验，主要通过交互过程获得。优秀的行为层次的设计要考虑产品的功能性、易用性以及舒适性。第三个层次（反思层次）是一种延时感受，它不是一种即时反应，是在本能层次和行为层次基础之上的最终产物。反思层次会让人对产品形成一种情感依赖，能形成品牌战略。一个企业要想实现长久的发展，必须形成自己的品牌战略，在反思层次上就要融入更多内容。由此可见，视觉设计在传递设计情感的过程中，处于第一层次也是最基础的层次，如果第一层次产生的情感是负面的，那么在高层次也很难获得满意的情感，情感不够满意，既无法提供优质的服务，也是服务设计的失败。因此，在整个服务的过程中，每个环节对于视觉因素的考虑都非常必要，通过绘制用户旅程地图而发现的视觉触点都应当引起重视。

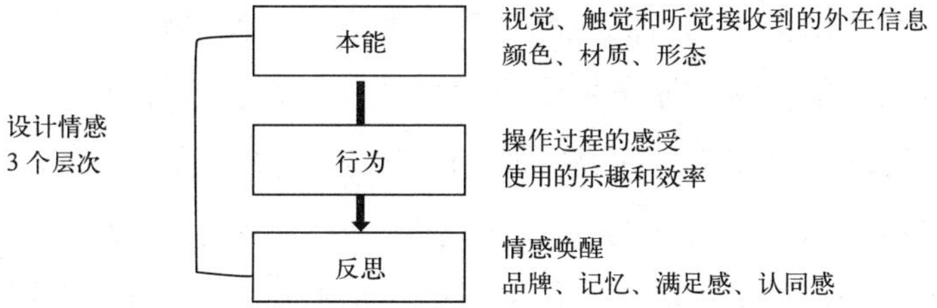


**图 1–2–2　设计情感的层次**

（2）用服务设计思维进行视觉设计。视觉设计本身是一个传达信息的过程，因此看似落脚点是在视觉表现上，但是其实整个思维流程、思路设计都应该参照服务设计的方法，进行系统的全链条的考虑。尤其对于 V1 设计而言，其最终的目标不仅是艺术化地进行视觉美感的提升，同时也能设计化地实现信息的准确传达、品牌的建设以及品牌的推广。因此，视觉设计应当是一个有方法可遵循的创意过程，而不是灵感的乍现与记录。视觉设计应当从前期准备工作，包含企业调研与对比、明确设计任务、进行构思与创意发散、概念设计、延展运用等多个方面，在进行设计实践与输出前，要做大量的准备与铺垫工作。

（3）服务设计方法的视觉化表现。服务设计的方法多种多样，部分方法会采用视觉输出的形式展现。近些年，服务设计得到了广泛的推广与关注，与其有效的服务设计方法密不可分。这些服务设计方法易于理解与操作，很多方法都采用了视觉化的工具展示，如用户旅程地图、故事板、服务蓝图等。将理论的方法与视觉表现进行结合，能够更好地提升服务设计的使用效率，促进有效的服务设计方案的产生。

## 二、产品设计与服务设计的融合

服务是无形的，而产品设计是有形的。在过去的数十年间，产品设计经历了许多改变，设计的目标不局限于产品的外形、功能、材质与制造，现今的设计可以说已经将焦点放在人类与科技的互动上，产品也已经成为人们体验功能与服务特性的平台。因此，设计的重点从产品到系统，再到服务，是设计概念扩大化与广义化的展现。服务设计是产品设计的延展，而产品设计也是服务设计的基本元素。那么产品和服务有什么区别呢？英国设计委员会首席设计官 Mat Hunter 表示，服务是客户使用但不拥有的东西。产品是客户一次性购买的东西，然后获得所有权。服务的特征在于与服务提供商的持续关系，服务提供商提供某种形式和价值的服务的访问。这里有一个例子说明二者之间的区别：早些年，购买光盘或者磁带可获得视频或者歌曲的播放权，而近些年，在腾讯视频、爱奇艺、优酷、QQ 音乐等视频音乐资源网站上，采用购买会员的形式来获得产品的使用权，这是一种从实体到服务的转化。同样，Adobe 在向市场提供软件方面已从产品模型转变为服务模式，用户不再以一次性价格购买特定版本的 Creative Suite，而是订阅 Adobe Creative Cloud，以便持续访问该软件的最新版本。图 1-2-3 展示了服务设计与产品设计的区别。

**图 1-2-3 服务设计与产品设计**

进入后工业社会，产品设计师在公司或企业里的角色将发生转变。他们不再埋头画图而是学习如何掌控设计流程，并且学会胜任研究者的岗位，并在用户研究方面有所建树。

在过去的20年中，产品设计已经历经数次变革。对于物体的设计已经不局限于造型、功能材料及生产。设计的任务已经聚焦人与技术的互动以及产品和服务作为某种体验的实现平台。具体说来，产品设计师需要在用户的日常活动中发掘问题点，并以此作为设计的出发点。这是因为用户的需求是随着他们身处的环境而改变的，这个环境是指社会环境、经济环境和技术环境。

和以往的概念设计不同，以服务设计的理念进行产品设计要求设计师在概念创意阶段借助用户的力量，和他们一起创造概念。具体而言，产品设计师需要从以用户为中心的设计视角，收集及分析定量及定性数据，得出服务设计的需求，将草图、概念图及低保真模型等方式作为可视化服务的内容及过程来进行设计。此外，产品设计师需要利用现成产品或创造出一些和用户进行交流的工具，以帮助用户更好地参与概念创意的设计。

从本质上来说，无论是有形的产品还是无形的服务，其都具有一定的相似性和相通性。无论是产品的服务化还是服务的产品化，服务与产品一直都是互相影响、互相交替、互相补充地为人们带来良好的体验。因此，产品设计不仅是服务设计的一个重要元素，更是服务设计的基础与本质。因此，服务设计的许多理论与知识，都是从产品设计的理论衍生的，而服务设计的思路与方法也可以充分运用在产品设计的过程中。

## 三、交互设计与服务设计的融合

交互设计定义了两个或多个互动的个体之间交流的内容和结构，使之互相配合，共同达成某种目的。交互设计努力去创造和建立的是人与产品及服务之间有意义的关系，交互系统设计的目标可以从“可用性”和“用户体验”两个层面上进行分析，关注以人为本的用户需求。

交互设计和服务设计是密不可分的，特别是第一批进入服务设计研究领域的学者，大部分都有交互设计的背景，这也是为什么多数人会将服务设计误解为交互设计的一部分。但事实证明，服务设计和交互设计的共性在于为用户提供最佳的体验。体验是用户在与服务系统提供的一系列服务的互动中产生的，在此过程中，每个提供服务的点在交互设计中被称为接触点。在每个接触点，用户享受服务的过程，换句话说，用户与服务之间的互动方式及内容是需要交互设计师来完成的，这也是交互设计师在服务设计中的首要任务。除此之外，交互设计师还要帮助产品设计师一起完成服务原型的设计，一般分工如下：产品设计师负责服务原型的硬件设计，而交互设计师则负责服务原型的软件设计。

在服务设计的过程中，交互在各个节点都会出现。服务设计系统包含服务的提供者、用户、利益相关者以及服务设计者。因此，在整个服务设计的过程中充满了人与人、人与环境、人与产品以及人与系统之间的交互。《这就是服务设计》一书也指出，服务设计其实就是在顾客的旅程之中，服务提供者与顾客双方在许多不同的接触点进行的一连串互动过程。每当服务设计中涉及触点时，都涉及接触这一状态，接触的可能是双方或者多方，因此就涉及交互设计的运用与计划。

通过交互设计与服务设计的概念来理解二者的区别可能比较抽象，这里以某咖啡店为例加以证明。某品牌咖啡店需要招募一名交互设计师，他的职责是设计一款可以帮助人们预订咖啡的 App。在这种情境下，交互设计师需要以下 4 个问题。

（1）谁最有可能使用这个 App？

（2）目标客户的需求和目标是什么？

（3）他们在使用过程中会遇到哪些问题？

（4）他们在使用过程中有没有害怕或烦恼的地方？

在这个研究的基础上，交互设计师可能会让用户在 App 完成一些其设定好的重要任务。对于每个任务，设计师都会规划好不同的任务路径，使用户完成该目标。交互设计师的最终产出物是一系列界面，并将它们直接交给开发者，由开发者实现功能。如果从全局来看，咖啡店要做的不仅仅是订餐。事实上，咖啡店提供的是由很多“触点”组成的服务，手机 App 只是其中一个触点。其他的触点包括咖啡店的线上线下广告、网站、服务台、餐单、服务牛的服装、产品的包装等。这些都可以进行设计。

在方法与工具方面，交互思想对服务设计方法作出了许多贡献。交互观提出了一系列与服务设计相关的概念和工具体系，在产品设计的人机交互系统的基础上，提出了包括多人、多界面参与的服务交互概念。服务设计的交互观，起先是将服务设定义为服务发生的场所（area）、境界（ambit）和情景（scene）3 个因素的协调。在本质上，服务设计超越了传统的交互设计与产品设计，持交互观的学者将“服务交互”作为服务设计的核心与识别特征即服务设计已经从“单点交互”到“多点交互”从“线性分析”到“开放系统的分析”。

## 四、用户体验与服务设计的融合

用户体验这个词最早被广泛认知是在 20 世纪 90 年代中期，由用户体验设计师唐纳德·诺曼在人机交互技术发展的基础上提出。用户体验是指用户在经历了解产品、系统或服务之初、使用期间和使用之后全过程中获得的整体感受。这些感受既包括用户对产品或系统物质界面经由显性的观察（视觉）、触摸（触觉）、倾听（听觉）、品尝（味觉）、嗅闻（嗅觉）而产生的认知印象、生理和心理反应，也包括融合印象与反应后完全基于用户主观角度而对产品、系统或服务升华出的情感、信仰、喜爱、行为和成就等各种非显性价值的评判。随着技术的发展、设计侧重点的转移，以人为本的概念不断深化，使得用户体验（用户的主观感受、动机、价值观等方面）在人机交互技术发展过程中受到了相当的重视，其关注度与传统的 3 大可用性指标（即效率、效益和基本主观满意度）不相上下，甚至比传统的 3 大可用性指标的地位更高。

用户体验的概念很大，包含的领域知识也很广，从本质上说，所有的设计原则都应该是针对它们所设计的用户体验。无论是一个小的螺钉，还是一个打印机，抑或一部手机、一架飞机，从小到大、从局部到整体的每个设计都需要考虑最终用户体验的效果。就服务设计而言，用户体验与其是包含关系。用户体验与交互设计、产品设计等又有所联系。

服务设计包含用户体验的。首先，明确它们的边界，才能对这些与服务设计相关的概念与范畴进行梳理。如图 1−2−4 所示，服务设计是一个大范围的概念，视觉、产品、交互、体验者都涵盖在服务设计中。服务设计是以更高的角度、更广的范畴、更大的系统来进行规划与设计，因此其要考虑的内容、包含的内容也更加广泛与深入。这也是目前业界的许多服务设计师都是由交互设计师、产品设计师、体验设计师转化而来的原因。

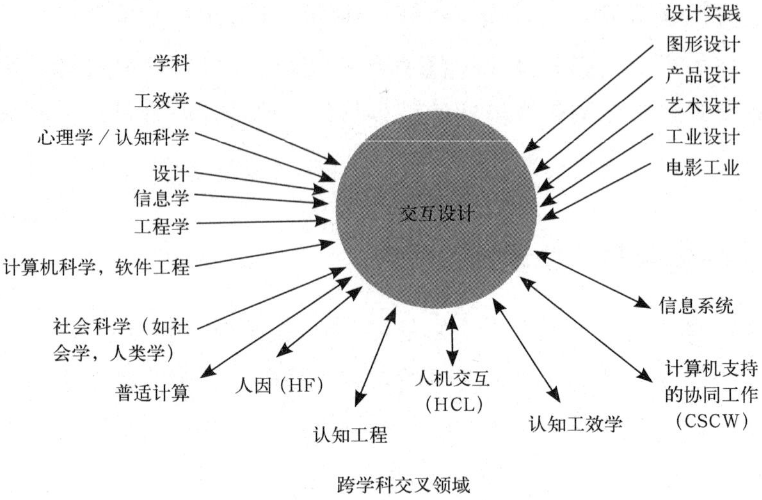


**图 1-2-4　服务设计与不同学科之间的关系**

就用户体验这一概念而言，其包含范围仅次于服务设计。用户体验与服务设计的区别可以总结为以下 3 点。

（1）点与链的区别。服务设计和用户体验之间最关键的一个区别是：用户体验关注的是一点或多个点；而服务设计关注的却是系统，是整个全链路。例如，京东体验店在某高校开设之后，学生纷纷体验并进行了用户反馈。从用户体验的角度看，学生提出的问题往往集中在某个点上，如座椅不够舒适、货物分类不清晰、货架摆放拥挤等。针对这些体验，其解决方案也往往是通过某个特定的产品或方式来解决问题，而从服务设计的角度去发现问题，则是将整个进店体验的过程进行流程化，在将问题集中后进行系统化改进方案的设计，更多地考虑上下文之间的联系、问题产生的原因与前一使用场景的关联。因此，用户体验关注的是点，而服务设计关注的是链。

（2）关注的人的区别。在以人为本的核心思想指导下，用户体验中的用户，主要指产品及服务的使用者，也就是服务的接受者；因为服务设计要考虑的是全链路，因此服务设计中的用户不仅关注产品及服务的使用者，也会考虑产品及服务的提供者。同时，受到成本、资源、环境等的限制，还要考虑服务系统中的“利益相关者”。因此，服务设计考虑的不仅是用户体验层面的问题，而是跟所有与人相关的要素。例如，对于快递站的再设计考虑，如果从用户体验的角度出发，只需要将用户（取件者）作为一个核心来进行设计，如考虑取件者获取信息的途径，取件者如何找到包裹取件者，如何确定包裹的状态等。而从服务设计的角度考虑，则要把取件者、快递派发人员在整个流程中的状态都加以考虑。快递派发人员如何实现有效的派发如何高效地进行分类、快递发放员如何有效地利用空间以增加投资者的利益等，都是服务设计要考虑的内容。因此服务设计考虑的人群更广。尽管某些设计会受到不同利益相关者需求的限制，但是从整体来看，服务设计能够寻求一种平衡，具有长远性。服务设计能够帮助人们通过人的资源及职责的配置，实现组织及系统的重组及优化，从而提升产品及服务的竞争力。

（3）发展路径的区别。用户体验是从一个问题出发，最后落实到更深入的具体操作来解决问题。而服务设计是从一个问题出发，从而发现与该问题相关的一系列问题，并加以解决。一个是往里收的过程，一个是向外放的过程。因此，用户体验是一个把问题化小的过程，而服务设计是把问题延展扩大的过程。例如，一个餐厅的桌子，从用户体验的角度，要考虑的是其颜色、造型、高度、舒适度和可用性等元素，这些都属于产品的“内部问题”。而从服务设计的角度，除了以上要素，还要考虑这个桌子是否与整个餐厅的视觉效果相协调；餐桌的材质是否与餐厅主体相符；这个餐厅主要提供哪类的产品；是需要圆桌还是方桌；一般这个餐厅的主要用户是单人就餐，还是情侣就餐抑或是集体就餐；如何通过餐桌的摆放位置来吸引用户、提高效益。这些要素多属于产品的“外部问题”。也就是说，服务设计除了在体验层面上和用户发生关系，还在服务系统的管理成本层面以及人们的公共环保意识等层面，与用户有着密切的关系。

## 五、公共设计与服务设计的融合

公共设计的着眼点在于研究公共空间、环境和人三者的关系，具体的研究对象为空间、行为及设施要素组成的行为场所。从产品设计角度而言，设施是有形的产品，服务是无形的产品，无论是有形的设施还是无形的服务，公共设计都应遵循“以人为本”和“改善用户体验”的设计原则。相对于宏观的服务体制改革而言，公共服务的用户体验则属于微观的、具体的、细节的范畴，体验设计的优化或创新，能在很大程度上改善公共服务的质量和效率。提供服务的机构应转变过去被动接受、缺乏体验、忽视服务对象的公共服务模式，转而以洞悉顾客行为、为技术赋予有意义的形式（服务、产品系统、组织等）寻找有价值、更具智慧的服务。

与为个人使用者提供的设计（如个人电子产品、家居产品等）不同，公共设计是多层次、复杂的。由于不同使用者有不同的需求、偏好和期望，为了获得高品质的公共设计，公共事务决策者、专业人士和管理人员必须从使用者的角度出发，尊重他们，而不是管束他们，同时要给予他们持续不断的关注。不仅如此，公共设计中那些原本不同设计领域的工作，正被越来越多样化的公众需求整合在一起，成为互相融合、不分彼此的一个有机整体。在服务设计的视角下，公共设计已不再是设计一个具象的空间或产品，而是设计一个系统，一种逻辑关系，因而也具有更宽泛的外延。

利用服务设计思维提出公共设计解决方案的案例比比皆是。例如，某物业公司在业内建立的社区服务配套 O2O 平台于 2001 年启动，包含自营食堂、菜市场、银行、超市、药店、洗衣店等商业配套服务。该物业公司利用其品牌效应，整合线上及线下资源，为其业主提供了个性化的社区增值服务。线上与线下的互动趋势，不仅体现在市民生活领域，也同样体现在城市公共服务管理方面。Enevo one Collect 是一个由芬兰公司研制，为了提高垃圾收集效率、节省城市资源的智能垃圾桶及回收系统（如图 1-2-5）。这个系统针对垃圾收集后的管理和回收过程，通过内置传感器监测桶内垃圾，当垃圾高度达到一定程度，就会提醒环卫人员垃圾箱已满。环卫人员通过专用的 Web 页面，能实时查看到区域内所有垃圾桶的状态。清晨，当环卫人员开着清洁车出发时，系统能帮助他规划好当天回收垃圾的最优路径，快速掠过仍有收集空间的垃圾桶。根据研发团队的数据，这一线上线下协调工作的系统通过减少环卫车辆的燃油费和人工成本，可以为环卫机构节约 20%～40% 的运营成本。

图 1-2-5　智能垃圾桶及回收系统

## 六、心理学与服务设计的融合

心理学是一门研究人类行为和心理活动规律的科学，兼有自然科学和社会科学性质的边缘科学。其中，认知心理学是以信息加工理论为核心的心理学，主要目的和兴趣在于解释人类的复杂行为，如概念形成、问题求解及语言等。认知心理学也是在服务设计中应用得最广泛的学科之一，服务设计作为以人为本的一门学科，其与认知心理学领域的知识需要紧密结合。

### （一）动机心理学在服务设计中的应用

动机在心理学上一般被认为涉及行为的发端、方向、强度和持续性。动机为名词，在作为动词时则多称为激励。在组织行为学中，激励主要指激发人动机的心理过程。通过激发和鼓励，使人们产生一种内在驱动力，使之朝着所期望的目标前进。动机包含复杂的人类行为、社会与生态设计的问题，若能将动机与既有的服务设计旅程对比、消费者旅程描绘等工具加以整合，则能够对服务设计者着手解决社会上出现的重要议题有极大的帮助。

服务思考与服务设计能够使设计师掌握解决复杂社会问题的关键，设计师必须拥有更强的能力、更经常性地去反思设计作品背后的动机和根源。如果设计师试图改变或影响人类的行为，必须更明确地剖析、理解并反思其行为动机到底是什么，而那些和设计师一起进行设计或利害关系人又有着什么样的动机。因此动心理学有助于服务设计师有更多机会深入了解所谓“激励并指引”人类行为的元素；这样就能帮助服务设计师针对更复杂的行为、社会和经济问题，发展并演绎出更多创新的、适合大众的、更有力量的解决方案。

### （二）记忆心理学在服务设计中的应用

记忆心理学是认知心理学中的一个重要分支。在远古时代，人类祖先就使用“结绳而治”；古希腊神话中就存在记忆女神谟涅摩叙涅；文艺复兴前行吟诗人会根据节奏背诵诗歌。人们生活中也经常会接触到各种各样记忆现象。例如，有时努力想回忆的东西仍记不来，却出乎意料地回忆出相关的另一件事，这种现象叫作记忆失误；有时遇到很熟悉的事物，猛然回想不起来，这种现象叫作记忆阻塞；有时人们明知道答案，却在某个时刻怎么都无法回想起来，当正确答案出现时却又能立马做出反应，在心理学中就叫作舌尖现象。深入了解这些记忆现象，并运用到服务设计中，能帮助服务提供者更好地理解处于服务系统中的“人”的活动。

心理学家根据记忆模型中记忆信息保持的时间长短的不同，从信息加工编码的角度出发，将记忆分为三级，即感觉记忆、短时记忆和长时记忆（如图 1–2–6）。长时记忆相当于计算机中的硬盘，短时记忆则相当于计算机中的缓存，它一次只能保存很少的信息量。记忆可以分为表象系统（形象记忆）和言语系统（词语逻辑记忆）、情景记忆（抽象的、个人的）和语义记忆（抽象的、约定俗成的）、内隐记忆（无意识的）和外显记忆（有意识的）、陈述性记忆（事实和事件）和程序性记忆（技能）。在服务设计过程中，应根据人记忆的不同类型，提高用户在使用流程和操作方式等方面的记忆。

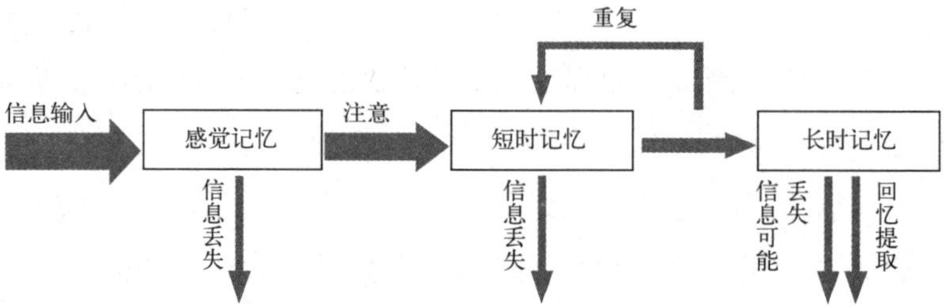


**图 1–2–6　记忆的框架**

影响记忆的因素有很多，常见的有经验、环境动机、重复次数、时间、理解、情绪及姿势等。服务设计以“人”为核心进行，然而以互联网为平台的服务大部分情况下是低接触度的服务，人们无法通过及时的面对面的交流、咨询完成服务操作。用户快速了解并熟练掌握一项互联网服务交互平台是用户收获完美体验的第一步。对于线上服务平台，无论是服务开始阶段的服务，使用的学习效率，还是使用阶段的流畅操作、内容设计，都会成为为用户提供良好体验、保证用户留存率和参与度的关键。例如，心理学研究表明，人的注意力只能维持 7min，因此在设计网页时，尽量让浏览网页的时间控制在 7min，TED 系列视频 20min 左右，但是演讲者足够优秀则能够吸引更多的注意力。Lynda 网站就做得很好，将在线教程的时间控制在 10min 之内。

# 第三节　服务设计的组成部分

## 一、设计系统中的触点

### （一）触点的分类

服务设计涉及多个或者多组人群，同时也是对系统的整体考虑。因此，在这个过程中，人与人的接触、人与物的接触、人与界面的接触、人与环境的接触、人与系统的接触等都广泛存在。服务设计的本质是以服务系统中的“接触点”为线索，从系统的角度来审查人、物、行为、环境和社会 5 个要素之间的关系，目的是通过服务来为接受者创造更好的体验与价值。接触点是从 MOT（Moment of Touch）一词中演变而来的，可以理解为“真实的瞬间”。在接触的那段时间内，用户和服务提供者之间形成了接触面。这里的接触面不仅指的是人与人之间的接触，还包括在服务传递过程中与企业相关的所有层面的要素。接触点类型有很多，大致可以分为物理接触点、数字接触点和人际接触点 3 种。

1. 物理接触点

物理接触点指的是服务提供者和服务接受者之间有形的、物理的接触点。在早期的设计中，设计往往都是以有形的产品形式存在的，而产品或者物理存在物也作为服务设计的主要载体。比如，在光顾一个咖啡店时，阅读菜单是人们与咖啡店之间接触的一个“真实的瞬间”，而这一触点是通过人阅读物理菜单而获得的，菜单提供的时机、摆放的位置、内容的设置等都会影响整个服务体验。这里面的纸质版本的菜单，就是一个物理接触点。同样，在一个景区内阅读景区的地图时，景区地图就是人们与景区整体服务的一个物理触点，地图设置的位置、地图的内容、地图的视觉效果等都会影响人们在整个景区的观景体验。

2. 数字接触点

随着数字技术的发展，数字媒体在社会中以不同的形式广泛存在。数字接触点指的是用户在使用智能手机、Web 或是其他数字设备的过程中，在数字系统中的接触点。例如，早期在进行支付的过程中，使用的是现金支付。随着技术的推进，当下可以采用手机进行支付，只需要用手机扫一下二维码，即可完成支付的全过程，简化付款、找零等环节，提高服务的效率和质量。通过界面进行手机支付的过程，就是一个数字接触点的展示。智能手机的发展使得交互的方式获得了极大的拓展，而数字接触点也渐渐成为服务触点的主力。同样，目前很多银行都开通了网上银行业务，若有任何事情需要咨询，不再需要人们跑到银行柜台询问，也不需要打电话进行人工服务，一些常见的问题通过网上银行应用系统，可以自动获得解决，这些都属于数字触点的一部分，能够极大地提高服务的效率，节约人力与成本。

3. 人际接触点

人际接触点多强调人与人之间的接触点，如用户与不同利益相关者之间接触点。人际接触点是最古老的接触点，但也是最直接、最有效、最不能够被替代的接触点。无论技术如何发展、交互方式如何变化，人际接触点的设置都是服务从情感层面满足用户的重要途径。比如，一位亲切的助手帮你进行购票和取票，属人际接触点。在进行电话咨询时，人们往往对于一些问题更倾向于与人沟通。人提供的服务是有温度有感情的，也更容易使被服务人群获得情感上的依赖和满足。在一些大型超市，尽管人们追求无服务人员陪同的自由购买的模式，当想要找某些产品时，用户还是更希望会有超市导购及时出现为其运行指引，而不单单是走到门口去看导购地图或者开手机查看网上 App。

好的服务，需要多种类型的触点互相补充，很难依靠单一类型的接触点就实现，把界面做好了，只是做好了单一类型的数字接触点。但是这种补充也绝不是互相依赖、互相推诿，在每一触点都做到清晰有效的基础上，多种触点互相取长补短，有各自的使用适合场景，才能够产生优秀的服务。以打车软件为例。当人们叫车时，首先会打开 App，手机交互界面就是第一个触点。先操作，再叫车，下单后，就要等司机过来。如果这时司机打来电话，接电话就是第二个触点，在这个触点中，人们会感受到司机的业务能力、熟练程度和态度等，然后等待司机到达。司机开车前来时，先看到打到的车，车也是触点，上车后，车内装饰布置、内部环境也是触点。当然，司机本人更是非常重要的触点。在这个服务过程中，人们的行为是按一个又一个可接触的点连接起来的，而这些触点又是有序的。这里通过智能设备进行交互的触点为数字接触点（计算机、电话）；看得见、摸得着的实物是物理触点（如车内座椅、装饰等）；见到司机，跟司机交流或者跟客服交流，属于人际触点服务的顺序阶段，必须力求和谐，以创造令人愉悦的节奏。通过服务的每个触点，确保顾客具有快乐的情绪。

在一些案例中，也存在尽管触点很多，由于没有站在客户的角度考虑，并未有效产生作用的情况。如图 1–3–1 所示为某省会城市火车站车厢指示标识的 3 种触电，在该站乘车时，车票上显示乘车车厢号码，用户进站后第一件事情就是找自己的车厢位置。这时会发现地面有两套标识系统，一个是蓝色的，还有一个是黄色的，但是两个对应的车厢号码并不相同［图 1–3–1（a）］，而票面上并没有显示该按照哪套标识系统寻找车厢，地面信息也并未显示两套标识有何区别，用户很难根据地面的信息确定自己该去的位置（物理触点失败）。这时，可以在车站上方看到一块电子显示屏，在显示屏上显示的是“1—8 车厢向后”几个字［图 1–3–1（b）］，但是在没有参照物的情况下，很难判断所谓的前、后是哪里（数字触点失败）。用户只好继续寻找帮助，最后可以发现一个拿着大喇叭的工作人员［图 1–3–1（c）］，走到他面前，经过沟通，才能了解要寻找车厢的方向，但仅仅是方向，却不是具体位置（人际触点失败）。在该案例中，尽管设计了 3 种触点为用户提供服务，但是服务效果不佳。

(a)　　(b)　　(c)

图 1–3–1　火车站车厢指示标识的 3 个触点

## （二）触点的基本组成

1．子点

基于关键接触点之间的细分接触点，可以称之为子接触点。比如，进入某品牌汽车的 4S 体验店，从用户的体验流程的角度可以把进店体验或购买的行为分为多个阶段，如发现商店—进入体验店—选购商品—销售咨询—试驾—结算—离开商店。这几个行为阶段可以说是用户与体验店接触行为的几个关键触点。每一个关键触点都是由许多不同的元素即子接触点组成的，这些子接触点共同作用，从而形成立体的体验效果。如在发现商店环节，商店的门脸、商店的在线宣传、商店外的声音宣传效果等都构成了影响用户与该体验店发生关系的要素，这些都属于子接触点；而在进入体验店进行选购的过程中，店内的灯光环境、装饰、服务人员的服务态度、服务人员对于产品的介绍等都属于子触点。由此可见，每一关键接触点的背后都是由若干个不同类型的交互相关联的子接触点。

2. 痛点

痛点（pain point）是在接触点中寻找的，在各个关键接触点及子接触点中能够发现痛点。比如，用户在进入 4S 店后，对于某些带着小朋友的顾客，在对汽车产品进行了解的过程中，小朋友会过来捣乱，不让家长安心地与销售人员进行交流。这时，从这一选购过程的接触点中就发现了痛点。如果在体验店的角落设置一个儿童玩具区，那么往往就能吸引小朋友的注意力，解决了大人不能与销售人员安心交流的问题。再如，在某些服装卖场，女士购物的过程中往往有男士陪伴，如果男士不能有一个舒适的休息空间，就会影响女士的购物时间，从而影响整体的购物体验。因此，改造购物环境中男士的休息空间也是一个购物体验过程中需要解决的痛点。

3. 感动点

感动点不是孤立存在的，它和痛点是紧密相连的。痛点得以解决能够使得用户顺利地获得想要的服务，而如果痛点能够得到高效、高质量的解决，则会给用户带来意外的惊喜，此时这种惊喜就能转化为用户和产品之间的感动点。因此，设计接触点不仅需要从用户的实际需求出发，更要兼顾用户潜意识的情感诉求。

以刚刚提到的 4S 店为例，一般因为在 4S 店停留的时间较长，店里往往提供水和一些零食，这些属于解决痛点的层次。而在一些 4S 店，如果到了午还没有采购完毕，店内的销售人员会邀请你去 4S 店的餐厅用餐，这一举动就会给客户带来一定的感动点。同样，以购物环境为例，单纯地为男士提供休息的空间只是解决了痛点，如果在提供休息空间的同时，还能采用一些手段使得男士能够很安心地停留在这里并被吸引，则能够建立一定的感动点，几乎所有的接触点都可以被不同程度地转化为感动点。将痛点转化为感动点的例子比比皆是，比如服装在通过快递邮寄回来后，精美的包装里面会附一个信封，信封里面是手写体的感谢信，同时会有一张退货卡片，只需在卡片上填写少量的信息就能够完成退货。该方案成功地将痛点转化为了感动点。同样，有些餐厅会考虑给用户提供发绳、准备玩偶陪单独吃饭的客人就餐、在卫生间提供女士经期卫生巾等，这些细节都会带给人感动。其考虑服务的时候，不是以解决痛点为最高目标，而是以营造感动点为最高目标，因此能够提供优质的服务。

## 二、服务设计中的体验属性

在服务设计中，经常说的五感，不是指产品的基本属性，而是指产品的体验属性。只有正确地理解五感，才能通过五感有效地提升体验及服务。

### （一）服务设计中的视觉体验属性

在大部分情况下，视觉都对服务设计起到关键的作用。所谓第一印象，往往是映入眼帘的视觉印象。对于服务设计而言，视觉元素不能够吸引眼球，勾起用户的使用欲望，后续的体验更是无从谈起。因此，服务设计是一个综合五感的过程，而在五感中，视觉起着极其重要的作用。例如，某集团对 Logo 进行了改进，单从英文字体来看，原 Logo 为了凸显家用电器的品牌属性，运用较多的圆角来展现亲和的气质。而改进后 Logo 升级为了体现该集团在定位上向着全球化、智能化和科技感方向的转变，新 Logo 的字形也相应地进行了锐化处理，变得更为流畅和现代化。

### （二）服务设计中的听觉体验属性

部分服务与消费者的沟通主要经由听觉实现其重要性，是别的感觉无法代替的。服务过程的声音作用主要有提示和警告、深化记忆等，通过声音营造出各种氛围，满足顾客的心理需求。例如，顾客到美容院接受美容服务，需要一个安静的环境才能放松身心，所以美容院在装修时一定要考虑隔音效果，尤其是地处繁华街区的美容院。在嘈杂的环境中，顾客非但体会不到放松的愉悦，反而会更加紧张疲惫，再也不会光临了。美容师在讲话的时候使用文明礼貌的语言，还要注意自己的音量，尽量柔声细语，让顾客听起来感觉亲切，也能有效地拉近顾客与美容师之间的距离。另外，播放舒缓的音乐也会让服务质量和用户满意度得到进一步提升。再如，汽车上的导航系统现在都可以进行声音的设置，如果设置成自己喜欢的明星的声音，那么可能会使用户获得一天的好心情。听觉在针对盲人的服务设计中应用得最多，因为听觉要素可以弥补盲人视觉缺失带来的缺憾，由于盲人自身的缺陷，很多时候对于外界事物的感知要靠听觉来实现，所以大多数的盲人听觉都十分敏锐。在进行针对盲人的服务设计时，要充分考虑这一点。听觉在设计中的科学运用，可以使盲人消费者获得更加优质的服务，这既是提高服务质量的有效途径，又是关心爱护盲人这个特殊群体的必要举措。

### （三）服务设计中的嗅觉体验属性

相比于视觉冲击带来的影响，嗅觉产生的影响则更加深刻。美好的味道总是令人记忆深刻，由于气味的刺激性更强，所以嗅觉记忆只要形成，再想消除就十分困难。因此，服务过程中注意改善气味，有利于提升顾客对于服务的有效感知，增强消费者体验。美好的味道可以放松人们的神经，创造相对轻松的工作、学习氛围，在进行服务设计的时候，要充分利用嗅觉的不同特点，针对服务特性选择合适的味道。最好的设计是：当顾客闻到某种味道时，就会想起这种服务，说明气味根植于消费者心目中，印象深刻且辨识度高，利用消费者的气味联想，赋予服务独一无二的特色，服务设计工作才算是真正成功的。相反，如果嗅觉感受差，那么服务质量也会急剧下降。很多人认为，在五感中，视觉的优先级最高，这不是绝对的，要分场景，比如在封闭的环境下嗅觉则占主导地位。因此根据不同的场景，找到那些最能够影响用户的要素，并根据各个要素的优先级来进行服务体验的提升，能够事半功倍。

### （四）服务设计中的触觉体验属性

触觉帮助服务加深在消费者心中的印象和感受，使消费者对服务有更深刻的理解。触感的改善必须以产品良好的材质来实现，良好的材料和产品肌理能给顾客带来更好的触感，也能够提高产品和服务在消费者心目中的评价。因此，在进行产品设计时，尽可能地采用优质的材料，通过合理的设计，使产品更加精致，艺术价值更高，体现出产品的卓越，有利于顾客对产品品牌的建立。

图 1-3-2 为长野冬奥会设计的手册，该设计尽管是以视觉展现，但是给人以触觉的感受，营造了一种踏雪有痕的效果。通过这种通感的展现，更好地传达信息与提供服务。图 1-3-3 为原研哉为医院设计的标识。采用了棉布材质，布料的质地是非常软的，给人一种柔和的感觉，能使人们在医院产生放松的心情。

图 1-3-2　长野冬奥会设计手册

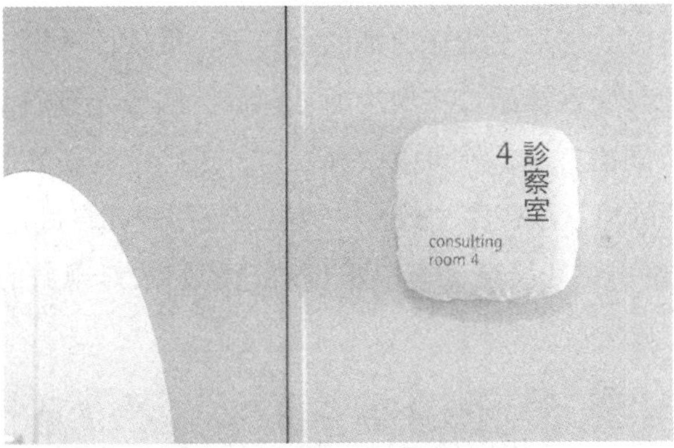


图 1-3-3　原研哉设计的医院标识

## （五）服务设计中的味觉体验属性

用户在接受服务的时候，一般不会特别关注味觉体验，这导致在目前的服务中，味觉发挥的作用十分有限。但是，作为五感中不可或缺的一个组成部分，味觉往往指代了人们某些共同的生活经验，从而具有情感价值，其他感官触发的心理效应也受到这些情感因素的影响。因此，随着服务的不断优化，在将来的服务设计工作中，一定会有味觉设计参与其中。

## 三、服务设计的基本要求

### （一）提升对用户的关注度

以用户为中心的设计（User-Centered Design，UCD）是一种设计产品、系统或者服务的思想。这里强调以用户为中心，体现了当代设计的人性化设计理念。UCD初期常被应用在人与机器的界面交互问题上，其起源于工业设计和人机工程学领域。

以用户为中心的原则，有助于发现问题，提升体验。诺曼在《情感化设计》一书中，列举了奇怪的茶壶、操作复杂的汽车交互界面、向内推的门等，这些会让用户觉得自己很“笨”的设计，其实都忽略了一点，就是以人为中心的理念。一个优秀的设计，应该充分考虑使用场景，考虑人的认知和使用习惯，尽量避免出错，而不是在用户使用后产生“我怎么这么笨”的挫败感。以用户为中心强调，设计师要收集用户信息，以他们的视角去思考问题，讲用户听得懂的语言，提供用户需要的服务内容。在这个统一原则的指导下，促使服务设计者与用户之间建立一套统一的交流与交互体系，实现沟通无障碍、服务无障碍。在设计师都拥有以用户为中心的共同语言后，就可以共同工作，进行一些新的服务设计或者改进设计。如果与用户的思考路径不一致，往往会出现用户独自进行改造设计的结果。图1-3-4展示了用户在社区活动区，根据自己的需求对现有的社区设施进行了改造。

图1-3-4　用户的创造行为（1）

图 1–3–5 也是常见的一个例子，绿草坪上被人踩出一条路来。既然能够出现再创造的情况，就说明在设计的初期，设计师没有充分地以用户为中心，没有考虑实际的使用场景，因此这是设计师的责任。

图 1–3–5　用户的创造行为（2）

对于服务设计而言，其对用户的定义与用户体验设计和其他学科的定义有所差异。在用户体验设计中，当谈论“用户”时，几乎总是在谈论客户或者最终用户。对于服务设计而言，不仅要收集客户的体验和需求，还要收集服务提供者所处的境况。尼尔森诺曼集团在《宣言》中指出，服务设计是对企业资源（人员、道具、流程）进行规划和组织的活动，目的是直接提高员工的体验，间接提高客户的体验。除了为客户端和服务端上的用户设计，服务设计还检查系统本身的组织，寻找机会重新设计关系或重新安排用户旅程。因此，对于服务设计的以用户为中心的设计理念，其核心是将系统内部的矛盾进行统一化，确定共同的目标，从而发现问题，提升用户体验与服务整体质量与效率。

**（二）设计人员的合作**

服务设计考虑的是一个系统或组织，因此其涉及的人员也较多。在服务设计中，除了顾客、服务提供者、服务设计者这 3 类显而易见的角色，还有一个比较重要的角色概念，叫作利益相关者。什么是利益相关者呢？利益相关者包含却不仅仅包含顾客和服务提供者，只要是与项目有利益相关的人，如服务提供者的合作伙伴、竞争对手等，都是利益相关者。

由于服务设计注重的是一个整体的过程，因此整个过程中涉及的人员都可以参与服务设计方案的制订来贡献想法。基于参与的概念，参与式设计方法在服务设计中广泛应用。参与式设计即强调一群人共同进行设计的集体行为。参与式设计的主题未必限定于职业身份的设计师，也可以由大众主导，设计师进行辅助。也就是说，无论是职业设计师还是最终使用者，都可以成为参与设计的主导力量。

服务设计的共同创造原则即考虑过程中的所有角色，让所有的参与者都可以满足自己的诉求，都能有良好的体验，实现多方共赢。例如，在一个对国家天文馆改进的创新工作坊中，参观用户、前台服务人员、天文馆讲解员、服务设计师、体验计师、天文馆管理者等共同谈论，描述了天文馆参观的实际过程，并一起寻找痛点，提出解决方案，且用乐高玩具和纸黏土等材料进行了改进后的服务方案的桌面演练。每个人从自己的角度阐释观点，彼此沟通之后，才发现原来自己想的和实际情况很不同。在做产品研发、空间规划、服务流程设计时，多听听各方诉求十分必要。做所有事都是在解决问题，解决问题只有最优解，而没有正确答案。如何找到最适合的路径并共同创造是一个非常实际的方法。

目前越来越多的企业注重用户或相关人员对于设计过程的参与，除了传统的调研方法，许多线上获取用户参与意见的方法也渐渐被广泛运用。例如，通过设计互动形式，基于论坛讨论来收集需求。通过论坛将用户的声音第一时间传递给开发者，开发者又通过论坛快速测试和改进产品，真正做到了高效的共创。

### （三）关注服务节奏和顺序

按顺序执行要求对服务进行设计时，充分考虑用户旅程的路径，把握用户的浏览路径和心理过程，进行有针对性的、有顺序的设计和引导，避免各种跳跃、曲折、往返的用户折磨。统筹用户的行动路径，控制好服务的节奏。例如，在就餐高峰期，一些饭店需要取号排队等待，等久了用户会产生不良情绪。一些商家就在这时提供零食茶水、美甲、擦鞋、棋牌等服务，通过增加服务触点的方式改变等待的节奏，缓解用户的等待焦虑。同样，在机场排队取行李也是一个时间较长的等待过程，因此，适当地增加到达行李处的路程和在路程中增加厕所和商店，可以在一定程度上减缓用户的行进速度，最终减少用户的等待时间。将用户的旅程按顺序绘制出来，有助于发现在每个阶段的具体问题，并进行有针对性的解决。

**（四）增加服务的视觉触点**

有的服务很多时候是在后台默默进行的，用户无法感知。有形展示原则告诉我们，需要把无形的服务变为有形的触点并让用户感受到，才能够起到提高体验的效果。在接受服务的过程中，让用户感知到背后的服务，从而获得愉悦与感动，往往比在不知情的情况下获得服务要好。所以，进行服务设计的目标不是让用户感动于无形，而是非刻意地把这些服务转化为有形，从而让用户获得感动点。比如有些餐厅设置开放厨房，就是将干净卫生的环境和新鲜的食材对外展示；用沙漏的形式直观地承诺送菜时间，也将服务转化为有形，从而让顾客更有掌控感；在一些度假酒店，酒店的毛巾被叠成了一些有趣的形状，这也是一种将服务进行有形化展示的过程（图 1–3–6）。

**图 1–3–6　酒店的服务可视化**

图 1–3–7 为原研哉为医院设计的标识。采用了柔软的棉布作为材料，用白色的纯棉布做成的标识本身容易脏，小孩子因为好奇去触摸，所以可以随时摘下来。那么为什么搞这么麻烦的设计呢？用不易脏的材质，或者耐脏的颜色不是更好吗？其实，这个设计就是要传递这样的信息：人们经常洗容易脏的东西，从而传达医院的干净整洁的理念。这种将无形的服务加载在有形的载体上的设计，让用户感受到医院的良苦用心。同样，在一流的饭店里，桌布一定会用一尘不染的纯白桌布，如果要隐藏污渍，可以用深色或者塑料的，但是第一流的饭店为了表明他们能够提供最好的服务，就会坚持使用白桌布。这些都是将服务进行有形展示的过程，通过这些可以了解到提供服务者背后的付出。

图 1–3–7　原研哉为医院设计的标识

### （五）服务设计系统化

在服务设计过程中，一定要思考用户行为的全部流程、提供服务的全部环节和全部利益相关人。这也是服务设计的整体性原则的体现。要留意不同的用户在不同的场景，可能用不止一个逻辑 / 方式去完成一个任务。要从不同的维度去思考用户使用服务的各个环节，确保没有遗漏的场景和故事。系统设计的特点是，它不是孤立地研究人、机、环境中的某个点，而是从系统的角度，全面地将人、机、环境看成一个相互作用、相互依存、具有特定目标的系统。在这个大系统下，还有不同层级的子系统，不同的子系统负责独立的功能，不同的功能使得这一系统能够有效地运行。因此，在开展服务设计时，要站在系统的高度，统一进行规划和设计，进行合理的任务分配，如图 1–3–8 所示。

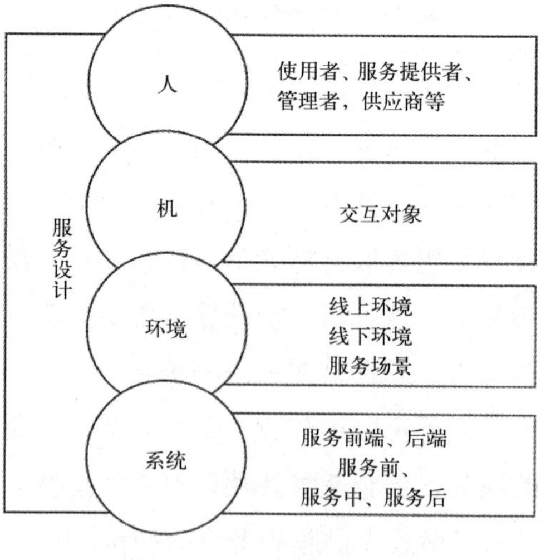


图 1–3–8　服务设计的考虑因素

系统地看待问题如同使用电子地图。使用电子地图时，先呈现全局性，然后描述每个区域的接触点。如果过分聚焦于路口有多少米需要转弯，驾驶员就容易陷入一种紧张的状态，而当我们指导整体方向的时候，驾驶便成了一种享受。服务设计就如同电子地图，可以帮助人们定义问题的范围，指明解决问题的方向，并描述各个环节的场景。

## 四、服务设计的基本策略

### （一）把握设计重点，掌握核心设计策略

提到策略，人们往往将其与一些商业运作的工作或是战争中的谋略联系起来。而设计策略往往会被简单地看作一些单纯的商业活动或设计管理工作的一部分。“strategy”源于希腊文“strategos”，意为将军用兵的艺术。在西方管理学上的解释则为管理事务的技术、企划的技巧以及用以达到目的的计划或政策。古汉语中对策略的解释则为计谋、谋略、行动方式。因此，无论从英文 strategy 还是古汉语中来看，策略可以理解为根据形势和环境的发展而制定的预谋行动方式。

关于设计策略的内涵，有如下的看法：学者卡斯滕（Kasten）认为设计策略是经由产品设计以获得竞争优势的一系列行动计划；李新富认为设计策略是企业由市场、技术等环境趋势决定的设计目标与方向，评估设计因素与资源所做的综合应用，旨在作为企业设计人员或设计事务可依循的指针，同时亦用作协助产品、传达、环境、识别设计的规范准则；于健、刘瑞芬认为设计策略指的是通过产品设计获取竞争性优势的计划，是以超越对手、发展自己为目的，以争夺消费者、市场为主要内容而展开的一系列全面性、长远性的谋略。综上所述，设计策略就是进行策略性的设计。而策略性的设计是一种集产品、服务和传达推广于一体的系统性的设计活动，是为所有的设计使用者或参与者提供实现策略性目标的手段。

科技革新、文化及经济的全球化趋势，以及向可持续发展的转型都会带来一些问题和机遇。如何克服在这一过程中出现的问题，并紧紧抓住随即而来的机遇呢？有三点非常重要：眼界、对创新的敏感度以及解决问题的能力。

对于企业来说，可以帮助其扩展现有产品的生命周期，改善其进入市场的现有产品；可以为企业谋划出创新及改善的空间；可以为企业提供一份详细的工程

预算，包括需要使用哪些材料、采取什么工艺制造流程、如何降低生产成本等；此外，设计策略还可以为企业提供用户使用可行性及产品表现的参考。因此，设计策略无疑是在企业激烈的市场竞争中起到关键性作用的制胜法宝，而它的核心在于提供及规划各种设计服务。

其次，根据衣物清洗 PSS 体系，提出了以下 4 个设计策略。

1. 整体服务流程设计策略

在衣物清洗 PSS 体系中，洗衣机作为服务道具由生产企业提供，生产企业是该服务道具的拥有者，负责其生产、管理、维护及报废处理。因此，与传统的洗衣机设计不同，面向 PSS 的洗衣机设计因素之间是一个闭环关系。例如，在考虑经济性时，可以采用环保型工程塑料而不是钣金件，降低洗衣机外壳的厚度与重量。在考虑功能性时，一方面，可以省去不必要的功能，另一方面也要考虑用户暴力使用的可能性。

2. 场景化功能设计策略

考虑到该衣物清洗系统需要应用到不同的场所适用于不同的地形，故采取了模块化的设计策略，使不同场合下的洗衣机可以根据需要进行功能、容量等要素的合理配置。例如，洗衣机功能中加入烘干模块是针对 PSS 衣物清洗系统的一种特定的设置，这与传统洗衣机设计存在明显的差异。

3. 信息化设计策略

信息化设计策略主要是为了应对衣物清洗系统中单个洗衣机出现故障的情况，解决的途径是智能化的远程监测、故障诊断和技术支持。

4. 可回收设计策略

综合前面所述的 3 个设计策略，若某个洗衣机的某个模块发生故障，且经过远程诊断后需要报废，则该模块会被更换掉。

真人图书馆（human library 或 living library）是源于丹麦的一种社会创新行为，指的是读者“借”与一个活生生的人交谈，以获得更多的见识与知识的活动。真人图书馆实质上是一种分享隐性知识的服务模式，为隐性知识的分享提供了一个良好的交流平台。温馨、熊微在论文《Human Library 服务设计研究》中通过对本土真人图书馆服务接触点和用户需求的分析，总结出了 5 项服务设计策略。

（1）多样化设计策略。国内真人图书馆活动多在高校中举行，真人图书一般由教师担任，借书的人多为学生。由于师生的角色地位和日常互动频繁，易偏离了真人图书馆消除偏见、促进交流的初衷，故建议采取征集民众、邀请专家等多种方式，通过线上、线下等多种渠道开展活动。

（2）真人图书的筛选与编目。真人图书在分享之后，活动的组织者要对其进行精心的分类，给每一本真人图书进行编目并录入系统，以方便读者日后浏览、查阅。

（3）线上线下多渠道交流与宣传。

（4）借阅方式多元化。除了现场登记“借阅”，还可以利用网络平台电话等多种方式对真人图书进行借阅，尽量减少中间环节。

（5）促进读者与真人图书之间的互动交流。

### （二）服务设计紧跟产品发展历程

在服务设计中，设计策略通常是依据服务生命周期来制定的，要想制定出好的服务设计策略，必须要掌握服务生命周期的规律。服务生命周期的概念来自产品生命周期，产品生命周期（product life cycle）简称PLC，是产品的市场寿命，即一种新产品从开始进入市场到被市场淘汰的整个过程。

产品和人的生命一样，要经历形成、成长、成熟、衰退这样的周期。就产品而言，也就是要经历一个开发、引进、成长、成熟、衰退的阶段。典型的产品生命周期一般可以分成四个阶段，即引进期、成长期、成熟期和衰退期。引进期指产品从设计投产直到投入市场进入测试阶段新产品投入市场，便进入了引进期。此时产品品种少，顾客对产品还不了解，除少数追求新奇的顾客，几乎无人实际购买该产品。生产者为了扩大销路，不得不投入大量的促销费用，对产品进行宣传推广。该阶段由于生产技术方面的限制，产品生产批量小、制造成本高、广告费用大、产品销售价格偏高，销售量极为有限，企业通常不能获利，反而可能亏损。成长期是指产品通过试销效果良好，购买者逐渐接受该产品，产品在市场上站住脚并且打开了销路。这是需求增长阶段，需求量和销售额迅速上升。生产成本大幅度下降，利润迅速增长。与此同时，竞争者看到有利可图，将会纷纷进入市场参与竞争，使同类产品供给量增加，价格随之下降，企业利润增长速度逐步减慢，最后达到生命周期利润的最高点。指产品走入大批量生产并稳定地进入市场销售经过成长期之后，随着购买产品的人数增多，市场需求趋于饱和。此时，产品普及并日趋标准化，成本低而产量大。销售增长速度缓慢直至转而下降，由于竞争的加剧，同类产品生产企业之间不得不在产品质量、花色、规格、包装服务等方面加大投入力度，在一定程度上增加了成本。衰退期指产品进入了淘汰阶段。随着科技的发展以及消费习惯的改变等，产品的销售量和利润持续下降，产品在市场上已经老化，不能适应市场需求，市场上已经有其他性能更好、价格更低的新产品，足以满足消费者的需求。此时成本较高的企业就会由于无利可图而陆续停止生产，该类产品的生命周期也就陆续结束以致最后完全撤出市场。

产品生命周期曲线的特点：在产品开发期间该产品销售额为零，公司投资不断增加；在引进期，销售缓慢，初期通常利润偏低或为负数；在成长期销售快速增长，利润也显著增加；成熟期利润在达到顶点后逐渐走下坡路；在衰退期间产品销售量显著衰退，利润也大幅度滑落。

与通常的产品生命周期不一样的还有特殊的产品生命周期，包括风格型产品生命周期、时尚型产品生命周期、热潮型产品生命周期、扇贝型产品生命周期四种特殊的类型。风格型产品生命周期是一种在人类基本生活中特点突出的表现方式。风格一旦产生，可能会延续数代，根据人们对它的兴趣而呈现出一种循环再循环的模式，时而流行，时而又可能并不流行。时尚产品生命周期是指在某一领域，目前为大家所接受且欢迎的风格。时尚型的产品生命周期特点是，刚上市时很少有人接纳（称之为独特阶段），但接纳人数随着时间的推移慢慢增长（模仿阶段），终于被广泛接受（大量流行阶段），最后缓慢衰退（衰退阶段），消费者则开始将注意力转向另一种更吸引他们的时尚产品。热潮产品生命周期是一种来势汹汹且很快就吸引大众注意的时尚，俗称时髦。热潮型产品的生命周期往往快速成长又快速衰退，因为它只是满足人类一时的好奇心或需求，所吸引的只限于少数寻求刺激、标新立异的人，通常无法满足更强烈的需求。扇贝型产品生命周期主要指产品生命周期不断地延伸再延伸，这往往是因为产品创新或不时发现新的用途。

在企业发展的不同阶段对应产品生命周期的不同阶段，企业需要面对不同难度的市场问题，通过运用不同的策略以获得市场竞争优势。这些策略的实施通常需要通过不同类型的设计进行落地。

与产品生命周期一样，服务也有一定的生命周期。服务生命周期相对于产品生命周期而言，更短也更容易消亡。服务生命周期可以尝试用产品生命周期的理论来解读服务活动的脉络，与产品生命周期一样，服务生命周期也分为四个时期：导入期、成长期、成熟期和衰退期。

例如，某餐厅以提供优质服务为口碑一直为大众所喜爱。在餐厅等位的时候，曾经出现过不同种的服务，如美甲、看报、提供食物、游戏等。但随着时间的推移，有些服务被新的服务所替代。这是因为服务种类层出不穷，竞争企业的保险做法就是模仿和跟随现有服务。因此，趋同和相似的服务一方面提高了顾客的期望值，另一方面又使这些服务落入俗套，新服务不得不一再出现以刺激顾客的需求神经。例如，给等位顾客做指甲曾经是某餐厅推出的服务项目，但是，该项服务面向的用户群有限，难以满足其他群体的需求，因此其被取消或被新的服务所替代也是顺理成章的事情。

与产品生命周期不一样的地方在于，服务生命周期可以试图挖掘、开发顾客在购买产品之外可能产生的价值。因此，服务设计者需重点了解有关广告、价格、产品、顾客等栏目中的策略内容。通常，企业乐于把售前服务作为推销产品的手段，把售后服务当作对售出产品的一种保障。很少有企业把服务相关的成本看作对未来新的营收的投入。但是，人们生活中的变化正在渐渐地打破这一思维定式。例如：现如今，网购已成为人们重要的购物渠道，如果在快递包裹上做出一点点变化，便很容易收获用户的心。化妆品集合网站的包裹就是一个红色的纸盒，与大多数土黄色的快递箱放在一起时，格外出挑。在服务生命周期中，服务从附属于产品的伴生物存在，转而成为独立的无形产品。例如，支付宝原来仅是淘宝的支付手段，现已成为众多电商和公共服务产品的支付平台。以前去便利店购买商品时，总担心没带够现金，现在只要带着手机，在支付宝 App 上操作一下就能结款。

### （三）明确服务设计服务本体

以用户为中心的设计理念和方法，核心在“用户”，即现实生活中的“人”。要想了解“人”必须进行“用户研究”。用户研究是服务设计前期研究阶段的重点课题，然而，用户研究并不是只研究用户以及任务行为本身，还包括以下两个重要的方面。

（1）研究对象不只是互动行为本身，还包括与该互动过程有直接或间接关联的其他行为。

（2）研究用户对产品的体验、态度、需求及其背后的文化心理因素。在服务设计中，以用户为中心理念的体现就是通过前期用户调查、用户可行性分析等手段获取更多的用户需求，从而促进服务或服务体系的开发，以给用户提供满足其需求的体验。

用户体验这个词最早被广泛认知是在20世纪90年代中期，由用户体验设计师唐纳德·诺曼所提出的。用户体验设计的对象不仅仅是产品或服务本身，而是产品或服务的整个用户体验过程，贯穿产品或服务的整个生命周期。用户体验设计和传统设计最大的不同就在于传统设计仅仅针对设计对象本身，割裂了设计对象及其操作者、使用者、购买者的联系。设计只是设计师头脑中的想法和意图，最终强加给用户去接受。而用户体验设计强调过程的概念，在这个过程中设计师和用户之间是如何进行互动的，又是如何形成了一个有机整体。

（1）制订与项目计划关联的、对用户有价值的服务设计的计划。

（2）建立用户模型。用户和设计师之间总是存在着知识、认知等方面的差异，设计人员要确保用户不仅能够明白使用服务的方法，还可以看得出服务系统的工作状态。因此设计师要从体验用户的角度出发，研究和开发适合用户、符合用户心理的概念模型。通过各类用户研究的方法建立用户模型。

例如，观察法是观察用户对产品的体验过程，了解用户行为模式的一种方法。观察法容易受到时间资金和数据分析等因素的制约，而且针对的用户较少，可以在对具体问题进行详细研究时采用。咨询法则是通过座谈、问卷调查等方式，直接向广大用户或者经过选择的样本用户进行询问，然后对收集到的反馈信息进行统计分析，产生有用的结果。这种方法比较直接，由于对象范围广泛，收集的数据量大，因此产生的评价结论比较可靠和具有普遍性。缺点在于只能收集用户的主观回答，不能取得客观的数据，因此为了保证咨询方法取得好的效果，需要设计好咨询手段和工具。实验法则具有更加明确具体的测试目的，并严格按照测试技巧和步骤，得出直观和验证性的结论。由于实验条件的限制，实验用户和实验样本数量往往有限，从而影响实验结果的可信度。此外，还可以使用问卷抽查、Card Sort－卡片组合排序、群体任务分析、焦点用户群访谈等社会学中常用的研究方法。

（3）定位服务或服务系统，并进行设计。从用户的需求入手，根据用户的特点（知识、技术经验等）定位服务或服务系统，以及在服务或服务系统中与用户之间交流的接触点，接触点包括软件 UI 界面和产品等。每一接触点提供的服务内容可以通过服务道具来实现，服务道具可以是软件或产品，也可以是其他形式的载体。在提供服务道具时需要考虑用户使用道具时的特点。以交友软件 QQ 为例，其 UI 界面的色彩、风格、布局为用户界面，其好友之间的互动形式、QQ 空间、QQ 宠物等为用户界面背后的服务道具。需要指出的是，进行服务或服务系统设计必须满足用户需求、环境［包括物理环境（空间温热、照明等）和社会环境（法律、文化等）］需求和项目需求。

（4）服务评价。进入评价阶段，要对项目计划关联的服务设计计划和对用户有价值的服务设计计划分别进行评价，对项目计划关联的服务设计计划的评价以是否达到项目计划目的为标准，对用户有价值的服务设计计划以用户使用的可行度为标准，即对用户而言是否有效、高效，能否能够让客户产生满足感等。

（5）最后对全体流程和进入下一个设计环节进行意见反馈。

### （四）关注服务主体状态

通常情况下，服务是由服务接受者主观进行评价的，服务会因服务接受者的不同而存在差异。因此让服务设计者从服务接受者的角度看问题有一定的难度。为了解决这个问题，必须对服务接受者展开详细的研究，包括明确定义服务接受者的属性、行动状态等因素，将服务接受者的主观性明确化，并将其总结为原型。

服务接受者的状态变化值（Receiver State Parameters，RSP）可以通过观察原型、范围原型、流动原型这 3 种原型来表现。

RSP 与服务接受者的需求有紧密联系，如果可以准确监测的话，能容易成功地提供合适的服务，但在实际操作中，RSP 的评价标准很难明确。因此，如何表现 RSP 是服务设计的关键。引起 RSP 变化的服务内容变数和服务渠道变数也是服务设计过程中的重要因素。

### （五）观察原型在服务设计中的作用

观察原型主要记录了RSP在变化中起到作用的功能因素之间的关联构造关系，用图形的方式表达出服务接受者状态的变化、服务内容变数服务渠道变数之间的功能关系。服务目标是期待服务接受者的状态变化。为拥有“可用的工作空间”，设计者想到了功能“节省工作空间”。可以想象出，如果空间太小或桌子尺寸过小，会让最终服务的结果大打折扣。因此，有“扩展空间”“桌子的尺寸”两个功能变数。这两个变数分别可以用“控制噪声”和“解除用户痛苦”的功能来解决。这时，“空间里的噪声”“椅子的造型”为FP影响功能。可以通过调整背景音乐的音量，选择柔软的椅子、调整椅子的角度等方法控制服务的质量、通过这个观察原型，我们可以容易地得出服务的功能，也就是服务的内容和渠道以及和RSP之间的关联，综上所述可以得出以下结论。

（1）服务设计的对象以服务功能为主，服务的功能中包含主功能与次功能。

（2）以RSP为树状图的顶端，将之相关的功能变数和功能归纳为树状图，表现实现与影响RSP的服务要素之间的关系。

### （六）范围原型在服务设计中的作用

多数情况下，实际的服务是由多个提供者和接受者相关的复杂要素构成的，表现这样的服务就需要用到范围原型，范围原型可以明确服务对象范围以及对象的RSP之间的关系、不同服务之间的关系和重点关注的服务范围。也就是说，范围原型是观察原型记录的RSP的集合。

# 第二章　服务设计的思维新路

服务指为客户提供信息、材料、产品、体验等内容的过程，服务的形式包括提供有形产品、无形产品，创造氛围和体验，开展满足客户心理情感的活动。本章主要内容为突破死板的服务设计思维，探索服务设计中设计思维的新路，分别介绍了设计思维的建立、服务设计思维创新与服务设计思维中心点。

## 第一节　正确设计思维的建立

### 一、服务设计思维的发展

设计思维早已有之，如中国古代《考工记》三材法、墨子节用思想、现代设计视觉形态创新（流线型设计）等。今天，设计思维演变为设计创新思考模式代称，是一套解决问题的方法理论和工具集合如，罗杰·马丁（Roger Martin）的《商业设计：通过设计思维构建公司持续竞争优势》一书用设计思维探索动态平衡，理性分析思维和创意直觉思维冲突，借助程式阶段实现产品、服务的突破性创新。鲁百年《创新设计思维：设计思维方法论以及实践手册》（2015）一书认为设计思维可以参与企业竞争、公共服务、社会问题的解决，但需要有相应的工具和方法论，包括全局分析地图、商业模式画布等。这种转变来自设计情境从有形设计（平面、产品、空间）扩展到无形设计（服务体验、交互）。辛辛那提大学商学院教授辛迪·特里普（Cindy Trip）在《商业评论》（2016 年第 2 期）《什么才是设计思维》中将不同设计源点归纳“为最优而设计”和“为对话而设计”两种类型，分别对应“为解决问题的设计”“为重构问题的设计”两类设计思维。

因此，设计思维是一种综合了产品、服务、结构、空间、经验以及由设计者获取相关事物所组成的复杂系统进行设计的方法。[①]结合服务设计的定义可以看出，服务设计是设计思维演化趋势和结果之一，是实现设计创新的新方式和新途径。

## 二、服务设计关于社会性问题的解决方案

社会性问题广泛存在于经济发展的不同阶段和社会生活中，如生态问题、老龄化、资源短缺、公平医疗等，这些复杂现实问题的解决涉及经济、社会、城乡、国家和环境的系统考虑和社会创新探索。所谓社会创新，是指为满足社会需求而进行的创造性行动和服务，它起始于发现某一未被解决的社会问题有可能通过新方法解决。[②]设计思维提倡“社会化思考”，即好的设计不仅与先进的技术和高质量有关，还包括产品能够形成具有号召力的生活方式与服务。现在，从产品到服务体验的设计思考正在社会各个领域显现，商业公司、非营利组织、政府公共服务部门等都注意到服务创新的重要性。社会创新方法来自看待问题、分析问题和解决问题的思维方式，麻省理工学院和 IDEO 提出社会创新的设计思维概念，将设计定义和思维边界从室内、建筑、产品等专业领域转向以社会、服务、系统、战略等为核心。米兰理工大学设计学院联合中国多所高校建立可持续设计社会创新联盟，探索社区服务、城市空间的公益创新。哈佛大学的社会创新种子社区（SEED for Social Innovation，SEED）用设计思维为贫困地区改善用电资源。这些都是服务设计的社会创新思维行动。哈本哈根互动设计学院 CIID 总监 Simona Maschi 认为，服务设计思考是涵盖制造商和零组件在内的所有企业应有的态度，通过创造不同零组件、服务和地方的网络迎合人们日常所需。[③]

因此，服务设计是通过创造新模式、产品和服务的设计方法解决企业、政府、社会和人类生活所面临的复杂环境与问题挑战。[④]IDEO 总裁蒂姆・布朗（Tim

① 李彦，刘红围，李梦蝶，等．设计思维研究综述 [J]．机械工程学报，2017，53（15）：2.

② 杰夫・摩根，WILKIEN TUCKER S，等．社会硅谷：社会创新的发生与发展 [J]．经济社会体制比较，2006（5）：6.

③ 马克・斯蒂克多恩，马库斯・霍梅斯，亚当・劳伦斯，等．这就是服务设计思考 [M]．吴海星，译．北京：人民邮电出版社，2022：3.

④ 罗伯特・格林，克里斯托弗・福克斯，苏珊・贝恩斯，等．社会创新：应对当代社会挑战的方案？——理论和实践的概念定位 [J]．国外理论动态，2015（7）：87-98.

Brown）曾在TED Global中专门讲述设计社会创新思维应用到不同领域，从解决儿童肥胖、预防犯罪、气候变化、非洲贫困的广泛社会问题。2018年在杭州第二届世界工业设计大会上，中国工业设计协会、联合国工业发展组织、中华人民共和国工业和信息化部等联合发布了《设计扶贫宣言》，进一步肯定了设计介入社会问题解决的价值。

懒人鞋品牌“汤姆布鞋”（Toms）的创立就是一个由设计师发起的社会创新思维项目。2006年美国设计师布雷克·麦考斯（Blake Mycoskie）旅游到阿根廷，发现城市郊区穷苦孩子们不仅受疾病威胁，且教育权利缺失，许多孩子一双鞋子都买不起。这使他产生了为帮助孩子们的想法，他结合阿根廷传统布鞋结构和式样特点，设计了一款简单易搭、穿着适的Toms品牌布鞋，向购买者推销，并承诺每卖出一双Toms鞋，就为全球贫困地区的孩子送一双鞋。麦考斯的产品设计与服务思考方式很快被市场所接受，Toms鞋也迅速流行。此后，麦考斯还进一步拓展了这种思考方式，启动了“Toms护眼行动”，每销售一副眼镜，就支持一名看不起病的眼病患者恢复视力。

如果搜索类似产品品牌可以发现，不少成功的“买一捐一”商业模式，如希瑟·哈森（Heather Hasson）创办的FIGS领饰公司（Fashion Inspired Global Sophistication），源于在越南、非洲等贫困地区看到儿童上学困难问题，他提出每售一条领带就为贫困儿童捐一套校服。这些产品服务创新都来自社会性问题思考和跨领域思维尝试。

通常一些项目难以为继是因为设计结果不是建立在用户真实服务需求基础上的，甚至可能没有测试用户反馈。有些即便真的接触用户，设计者也往往事先就假定了用户真实需求和解决方案是什么。不论在商业还是社会领域，这种有明显缺陷的做法仍被普遍使用。事实上，不少为公众服务的社会产品的失败原因就是忽视了服务设计思考。所以，米兰理工大学设计学院埃佐·曼奇尼（Ezio Manzini）提出，设计社会创新是关于产品、服务和模式的新想法，它能够满足社会需求，创造出新的社会关系或合作模式。①

事实上，城市骑行有做得比较成功的案例。例如，2015年丹麦首都哥本哈根

① 埃佐·曼奇尼．设计，在人人设计的时代：社会创新设计导论[M]．钟芳，马谨，译．北京：电子工业出版社，2016：13．

被评为全球骑行最友好城市，整个城市 48% 的居民的出行方式为自行车，政府向市民推行自行车绿色出行效果显著。但当地居民选择自行车出行不仅是响应政府，更因为出行基础设施设计与保障措施、完善城市基础建设的费用，近 1/3 分配在自行车设施建设上，形成了友好高效易达、安全舒适的骑行生态系统。具体体现：在安全设计上通过自行车道抬高处理，设计物理隔离带、建造骑行道专用排水设施，使道路骑行者不受机动车影响，无停车干扰，保障骑车人的道路权。

针对交叉路口安全性弱的问题，城市规划者在路口专门设计了自行车信号灯，避免自行车与转弯车辆抢道和摩擦，提升了自行车道和机动车道通行能力。此外，城市管理者在调查中发现，不少人长距离骑行需要转运自行车，2010 年又增加了乘客免费携带自行车坐地铁、火车等公共交通的便捷措施，甚至大型转换站点、人流密集区域还专门配置了地上与地下自行车停放点。因此，如果城市建设不改变传统的街区式车道设计思维定式，围绕骑行服务展开建设，那么无论道路规划多么完善、自行车租赁网络多么便捷，仍将难以实现绿色骑行的目标。服务设计创新思维是基于物品思维的拓展，从物品背后需求寻找问题解决方式，如图 2-1-1 所示。

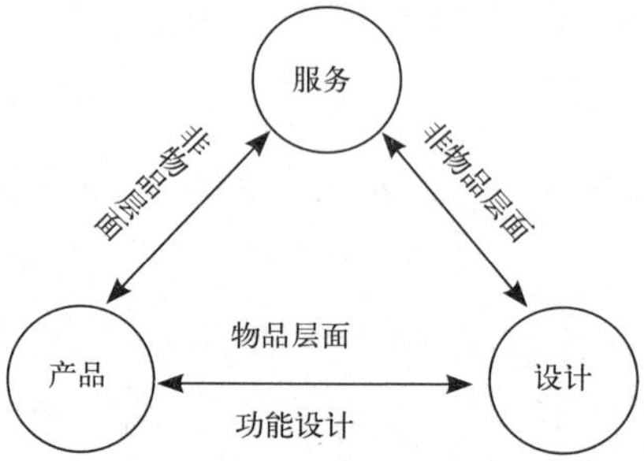


**图 2-1-1　服务设计创新思考层面**

再以同济大学设计学院在上海市崇明区仙桥村开展的设计丰收项目为例，这是一个典型的设计思维创新项目，以设计主动介入城乡不平衡、解决中国农村发展问题为目的。在物理层面以仙桥村真实环境和发展问题为背景，组织本校教师、硕博士生、意大利米兰理工大学、芬兰阿尔托大学学者以现场 Workshop 形式探讨乡村资源开发，将“三农价值”从物的价值设计拓展到文化、经济、教育价值上，通过协同设计（Co-design）实现创意、技术和商业模式的整合，链接城乡资源和需求，如图 2-1-2 所示。

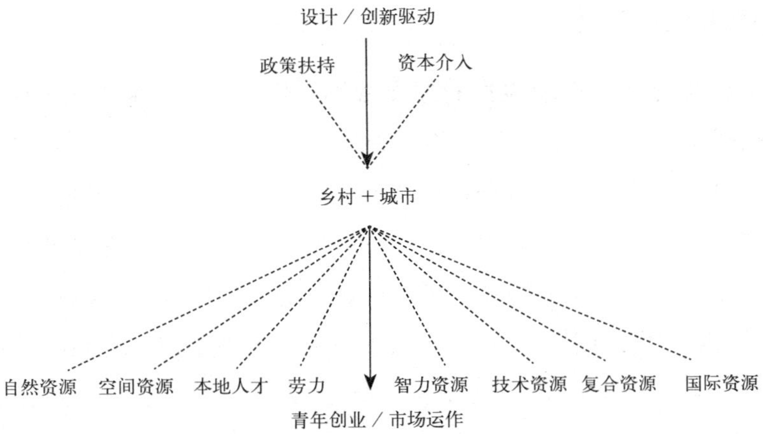


**图 2–1–2　青年创业／市场运作①**

在内容协作上以解决硬件层面的乡村风貌、经济生产为主，在软件层面包括人居关系、城乡互动、乡土文化，如处理村民与村民、研究者与村支书以及乡镇级政府、乡村与城市互动、本地居住者与外来旅游者的关系。最终在成果上系统性地改变、激活城乡关系，创建“禾井”和“田”两个服务案例，搭建了一个城乡创意协作网络，以发掘、改良提升方式帮助仙桥村吸引设计创意社群、年轻创业者来农村创业推广乡村生产和生活方式，把体验、环境、知识变成商业模式，其现场活动如图 2–1–3 所示。

**图 2–1–3　“设计丰收”项目现场②**

① 娄永琪．面向可持续的设计：设计工具、理论和方向[J]. 创意设计源，2016（5）：22–25.

② 娄永琪．面向可持续的设计：设计工具、理论和方向[J]. 创意设计源，2016（5）：22–25.

## 三、服务设计思考流程

设计师思考行为与创新模式看似无规则，但从解决问题视角仍可识别出设计师在有限理性状态下创造性解决问题的基本思考特征，这种有限理性状态就是设计思考工具和分析方法。从斯坦福大学 D.school、MIT 媒体实验室到 IDEO、IBM 等知名企业，不同组织对设计思维的理解不同，设计思考模型也不只一个。如格式塔理论“心理图式”解释了创造性视觉思维、“刺激—反应”行为范式解释产品使用影响因素。阿莫西《设计入门》中归纳的设计创新范式（图 2-1-4）、手段—目的分析法、事理学方法（柳冠中）、情感设计三层次（唐纳德·诺曼）等这些思考工具和分析方法提升了设计思考水平和深度，形成了设计创新的特定认知模式和思考行为。

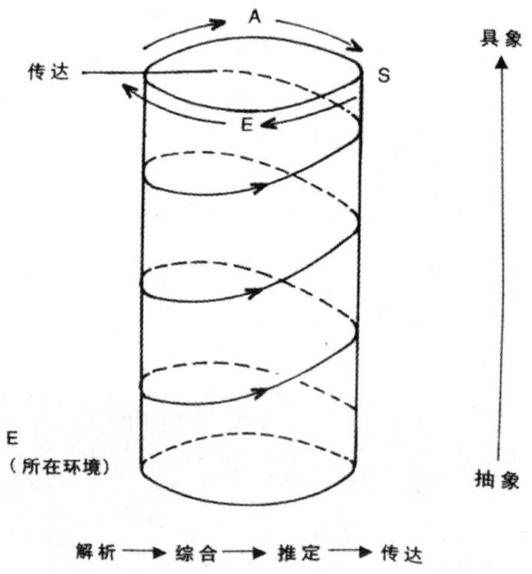


图 2-1-4　阿莫西设计创新思考范式[①]

宝莱恩（Andy Polaine）认为，客户体验的服务是整体的、全面的。评价服务好坏来自其接触的所有服务综合考量，由很多触点互动组成，服务质量通过这些触点共同作用于客户。图 2-1-5 服务设计是产品设计的功能延伸与拓展，将单一“人——产品”概念扩展到产品服务系统构建的人、环境、物的所有接触点，如图 2-1-6 所示。这里重点引入“5W 分析法”作为服务设计系统思考工具。

① 彼得·罗．设计思考[M]．张宇，译．天津：天津大学出版社，2008：54.

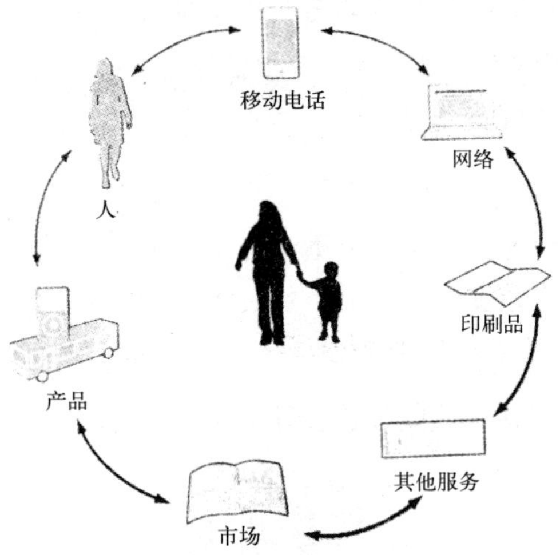


图 2-1-5　服务体验触点互动①

1932 年，美国著名政治学家哈罗德·拉斯韦尔（Harold Dwight Lasswell）提出“5W 分析法”，该方法在一定程度避免了数理统计工具的晦涩难懂，便于设计研究人员理解和使用，后经过其他学者不断总结，逐步形成一套完整的“5W+1H”模式（图 2-1-6），它提供了以用户为中心的科学的分析方法和认知思路。被广泛应用在企业管理传播、营销、社会服务、产品设计等人文社科领域。

图 2-1-6　“5W+1H”分析法

“5W 分析法”既是思维方法、思考流程，也是帮助发现用户问题或产品服务问题根源的分析工具，用来识别和解释问题影响因素的相互关系。服务设计连接环境、人和产品的互动，不管是有形产品还是非物质的无形服务，中间涉及诸

① 宝莱恩，乐维亚，里森．服务设计与创新实践[M]．王国胜，张盈盈，付美平，等．北京：清华大学出版社，2015：25.

多复杂因素与环节。在服务设计要素分析中，此方法非常有效，有助于对服务体验问题实现合理的深度思考。贾尔斯·科尔伯恩（Giles Colborne）依据“5W+IH”归纳了故事化描述用户体验问题可以从三个层面进行，即可信的环境（时间和地点）、可信的角色（谁和为什么）、流畅的情节（什么和怎么样）[①]。概括起来，服务设计涉及个人、商业和社会三者的关系，个人需求与社会通过商业行为和媒介产生关联。从设计实践角度而言，服务设计要考虑用户商业模式、服务过程与技术三者的关系，即用户（人）、服务体验情境、产品服务价值、产品服务、实施五个要素，每个要素分指不同的内容（图 2–1–7）。

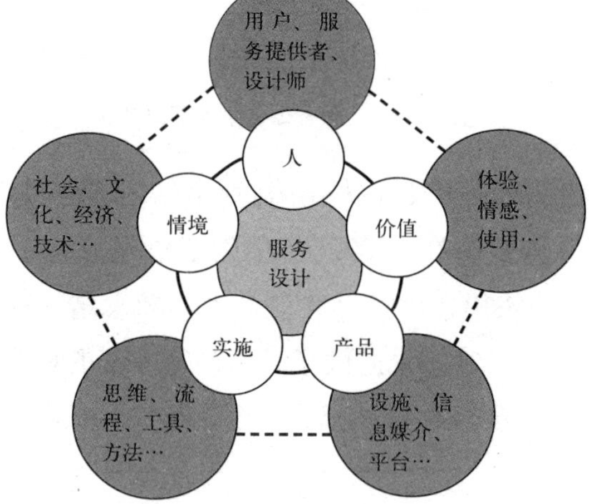


**图 2–1–7　服务设计要素关系**

人（Who）：用户是整个服务过程核心因素，设计以“人”为出发点，服务设计里的“人”包括服务供应者、被服务者（用户）和合作伙伴等，他们在其中扮演着不同的角色，服务供应者和用户是平等的合作关系。

产品（What）：“What”即什么样的服务，服务设计一般以产品工具、方式、设施和平台等为对象，如火车站自动售票机、电信运营商信息平台等都是服务实现的载体和表现形式。

情境（Where）：指服务产生和完成的空间或地点，回答服务在“Where”

① 贾尔斯·科尔伯恩．简约至上：交互式设计四策略[M]．李松峰，秦绪文，译．北京：人民邮电出版社，2011：42．

发生，包括有形环境和虚拟环境，如超市、移动终端。环境服务由空间和相关指示性线索（符号）组成。

实施（How&When）：即服务是如何进行，服务的各个阶段和过程应该产生在什么时候，服务过程中所体现的“怎么样”和“什么时候”都是可以被设计的。

价值（Why&Value）：指为什么要进行服务设计及如何实现用户价值。通常将不同利益相关者的关注点结合起来，利用服务设计创造价值共赢。具体内容见表 2–1–1。

**表 2–1–1　服务设计要素简介**

| 服务设计要素 | 要素概念 | 目的 | 备注 |
|---|---|---|---|
| 人<br>(Who) | 服务供应者、用户和合作伙伴等 | 以“人”为出发点 | 服务供应者和用户是平等合作关系 |
| 产品<br>(What) | 一般以产品、工具、方式、设施和平台等为对象 | 什么样的服务 | 服务实现的载体和表现形式 |
| 情境<br>(Where) | 服务产生和进行的空间或地点 | 服务在“Where”发生 | 包括有形环境和虚拟环境 |
| 实施<br>(How&When) | 思维、流程、工具、方法 | 服务是如何进行及服务的“When | 服务过程中体现的“怎么样”和“什么时候”都可以被设计 |
| 价值<br>(why&Value) | 情感、体验、使用 | 服务设计的“Why” | 为双方创造最好价值，降低成本 |

服务设计在不同应用领域因具体情境和需求差异有不同的侧重点，但设计要素基本一样。服务设计要素是按特定流程和行为规范实现体验创新功能的，其要素范畴有前台与后台两部分。前台指与用户直接接触地内容，这是服务设计重点，主要包括了有形产品和无形服务，具体又可以细分为 3 类：服务要素、环境要素、物品要素。其中，服务要素指具体设计方案、产品体验内容、评价标准，如用户情感、使用感受等。环境要素指用户使用空间设计，包括服务场所布局、服务设施分配等。物品要素指用户拥有和接触的物质产品。后台服务设计要素是指支持前台服务顺利实施的相关规范、间接利益人、技术等。基于服务设计要素和实践，可以描述出服务设计应用范畴。

## 第二节　服务设计的思维创新方向

当前，设计思维对产品创新和公司发展的价值越来越大，服务设计思考至少映射了设计思维两个层面，它既指产品设计的创新理念变化和“使用”本身不再是重点，也指设计思维的应用扩展。如蒂姆·布朗认为多数企业面临两类挑战：“如何将设计师用来解决问题的创造性技巧纳入公司更大范围的战略性创新项目中去，以及如何让更多员工采用设计思维来考虑问题。”① 这里主要从前者视角变化展开。

### 一、减少设计物化，注重服务关系

设计物化思想过于关注形式语言、追求视觉效果和市场问题，淡化了洞察人的行为科学、调研分析、换位思考、技术可能、服务系统等设计关注中心。“物到关系”的转移是借用了历史学家阿诺德·约瑟夫·汤因比（Arnold Joseph Toynbee 的“去物”哲学概念，指智能计算、“互联网 +”对产品设计的影响催生了另一种设计形态，物品存在方式、设计手段、使用功能和形式有走向非物质性的趋势，设计领域也逐渐从有形物向无形服务转变。在这个转变过程中，服务设计概念应运而生。学术界把从产品到服务的转型称之为“服务化”，这个词语形象地描述了服务的趋势和价值。蒂姆·贝恩斯（Tim Baines）在其著作 *Made to Serve：How Manufacturers Can Compete Through Servitization and Product Service Systems* 中提到，服务化是以服务为导向的竞争战略。在智能社会情境里，设计重心不仅反映在具体物品上，更体现在围绕产品的信息交互与服务设计上，即信息时代的设计不仅与技术和质量有关，还包括产品形成的生活方式与服务。过去，企业和消费者都认为高效地制造和拥有优质产品是成功的标志，但现在产品被定义为传递和消费服务的产物，制造商与用户的关系发生变化，进而影响产品设计、生产、销售和维护的各个环节，用户购买产品也会考虑损坏时的维修和废弃时的处理，企业与用户都意识到责任共担的重要性。设计师运用设计方法和手段帮助用户及利益相关者找到更合理的生活方式，这不仅有助于从生态角度探索可持续生产与消费，还扩展了设计的社会功能与价值。

① 蒂姆·布朗．IDEO．设计改变一切[M]．侯婷，译．沈阳：万卷出版公司，2011：152．

工业时代的设计遵循二元对立的逻辑原则（功能与形式）和思考方式，而微电子革命及新材料的发展冲击了设计的二元对立逻辑，产品背后的技术变得小巧、可靠且物美价廉，以至多数时候似乎是一个间接作用，材料束缚力大大降低，越来越多的产品走向智能化、扁平化，形式与功能不再是严格的表现与被表现关系，产品变成“有思想的机器”，产品功能变成一种超功能的服务与情感体验关系，如E–mail、智能手机等。形式非物化和功能超化使得设计向精神层面接近，即情感体验、伦理、社会等抽象的关系内容。因此，设计超出衣食住行的生活和生产范畴，延伸到社会公共产品、服务和非物质领域，设计需求将演变为对社会与人的关系认知。以某运动产品为例，其项目是典型的“去物化”服务设计思考。

**（一）减少物化设计思维的体现**

首先，以产品为载体的服务设计变化。人们期待产品在具有实用性的同时，还能带来一种服务体验。设计将焦点从产品外在物质形态（材料、色彩、形式、结构）转向消费者运动生活和整体交互方式，带来个性化乐趣，体现了物品设计走向信息智能、实体设计走向载体设计的趋势。如某运动品牌推出的自我定制服务、音乐跑步鞋、刺客系列等，都是将信息技术融入产品体验，在每双刺客系列跑鞋中都植入了一套储存运动中的相关数据，通过互联网上传给专业指导者，这意味着人们购买的不仅是鞋，更是提高锻炼水平的信息软件和交流工具。

其次，对产品以外的“非物”责任承担。其产品设计不再仅是视觉刺激和功能翻新，更侧重服务过程中的社会效应和用户行为。近年来，该运动品牌一方面关注产品的社会服务责任，如通过“周密考虑的设计”（Considered Design）等项目减少有毒废料，提出闭环业务模式；另一方面通过“运动推动社会变化”战略，帮助人们重新理解运动在培养社会企业家、社区创新方面的作用及推动社会、经济和文化积极变化的能力。如其与“社区足球”（Grass root Soccer）在非洲的合作项目，2008 年与合同制造商发起的“鞋袜能效”项目，2009 年成立地“创新气候与能源业务政策”（BICEP）消费品公司同盟。

**（二）运动产品服务关系的推进**

1．自我服务：基于产品的服务设计

自 20 世纪末开始，该运动品牌将以产品为基础的结构模式改为“顾客导向型”的产品分类，代表着从产品设计和制造转向用户服务为中心。1999年，该运动品牌开发了网上定做服务系统，让客户定制属于自己的产品，用户在网上设计颜色、材质、形态，加入个性化符号成本，只比专卖店贵10美元，而且三个星期就可拿到成品，这是一项充分展现个人创意的服务。现在，该运动品牌进一步完善设计服务，正尝试建立按订单设计（Design-To-Order，DTO）的设计生产模式，通过汇集消费者的个性需求，形成定制信息流，设计和生产中心将此融入产品，或直接邀请消费者参与新产品设计。

2006年，该运动品牌与某科技公司合作打造音乐跑步，通过把跑步运动与数字多媒体播放器连接，让运动者能听音乐，了解跑步距离、时间和体力消耗等的，在跑步过程中，鞋的传感器与数字多媒体播放器连接，不断接收速度、距离和能量释放的实时数据，并以语音反馈给运动者，以便调整人的状态，枯燥而寂寞的跑步运动因此变得丰富有趣。此后，该运动品牌进一步将数字化和交互扩展到更多运动产品和网络平台，并获得巨大成功。2010年，将GPS、重力感应等传感器芯片集成到运动产品和手机，借助GPS定位、重力感应在地图上记录速度、距离、路线，还可以随运动内容和环境的变化播放不同音乐。

此外，该运动品牌还积极关注社会问题，围绕产品展现社会服务功能，如参与和协助零售商、供应商实现环境保护责任，启动“产品社会责任”行动，让产品和服务更有社会责任感。具体方式有“鞋子再用”，回收旧运动鞋后转变为运动设施的表层材料；“再生瓶T恤”，回收塑料瓶制作T恤；等等。

2. 协作服务：基于公共平台的服务设计

随着信息技术日趋成熟和消费群体数字生活的影响，该运动品牌又积极转向数字化产品服务，以产品为载体，打造基于网络公共平台的运动服务设计，最典型的案例是2012年与Tom Tom合作发布了一款手环，开启了运动数字化生活。戴在腕上的手环可以随时测量个体日常活动的能量消耗，包括运动时间、步伐频率等，并创造性地提出该品牌能量测量单位。手环的点阵屏有20个LED彩灯，手环运用加速度测量技术随时将手腕动作传导的信息显示到屏幕上，用户可以自定义每天的活动任务或希望消耗的能量值，通过内置USB和蓝牙上传运动数据到社区和智能手机，记录和跟踪目标活动的进展，当活动量逐渐接近用户定义的目标时，显示灯会发生从红到绿的变化。

2013 年，该运动品牌又将健康追踪应用程序和可穿戴设备整合到篮球和训练类产品，推出篮球鞋瀑品牌和综合训练鞋品牌，有针对性地开发了移动客户端篮球款和训练款健身游戏。篮球款球鞋增加了压力感应器用来测量跳跃高度，同时还增加了一些专业运动概念，如扑腾乱挤数值，用于篮球比赛中的活跃计量，自我展示模式可以把记录的运动数据变成影片，通过网络平台分享。而训练款健身游戏主要是提供一些训练项目库，集成了世界顶级运动员的训练数据，为运动员和用户提供运动状态修正和训练指导，也可以将运动数据上传到网络社区的排行榜，激励个人不断提高运动水平和挑战自我。随着运动平台的不断扩大，2013 年，该运动品牌将 iOS 应用“Nike+GPS”移植到安卓平台，使得其市场影响力进一步扩大，充分体现了基于服务性心理的产品平台与协作设计模式。

该运动品牌的创新与成功不仅是运动产品的性能提升和数字化设计，其核心更在于建立了线上社区平台和庞大的用户数据，一是以“数据 + 圈子”方式鼓励人们积极参与各种团队健身活动，二是通过开发趣味小游戏激励用户每天适当运动。运动者可以测量运动时间步伐、能量消耗等数据，还能将运动数据上传到社区，与社区其他人交流运动心得，耐克会聘请专业教练在社区指导人们。其将健康追踪应用程序变成了运动者的生活群落，通过协助消费者管理运动数据和朋友系统，紧紧地将运动爱好者固定在自身商业版图。因此，是一种基于网络平台的运动服务，将实体运动与虚拟社群融合，通过产品智能化，设计了以产品为链接，以网络社区为协作平台的运动产品服务系统。

3. 系统服务：未来基于服务商的设计

健康追踪应用程序的开发掀起了一场行业变革，信息化帮助该运动品牌从一家运动产品公司转型为运动体验和健康服务公司，未来会进一步转型为提供运动生活的专业服务商，这在其当前的服务内容和公司策略中已有显现。

在实体店服务方面，美国和日本的自营店已设立慢跑俱乐部，消费者可以购买产品和成为会员，并有专业教练在俱乐部指导消费者锻炼。在网络运动服务方面，其掀起了一股运动时尚，激发了人们跑步的欲望，其也因此拥有了世界最大的跑步社区，会员达 300 万人并在持续增加中，跑步里程达 30000 千米。

过去，该运动品牌专注于运动产品的技术创新与设计，将服务项目外包。现在，决定其发展的因素不仅是技术，更是服务角色创新。因此，2013 年，其采取了“去外包”策略，将外包的各类服务全部收回，加强公司与粉丝的直接联络，这意味着今后会出现更多具有创新性的运动服务。以跑步方式的变革为开始，信息化将推动其成为一个运动品牌的服务商。

## 二、多模块功能整合

服务设计思维强调设计的整合作用，设计不再只是单纯的物质设计，还有物质需求背后的服务整合能力和社会观念，包括从设计、制造到用户及社会价值等外部因素的整合设计。故此，设计师的工作变成整合产品关系，解决消费者、市场、社会领域的复杂困难。伯恩哈德·E·布尔德克（Bernhard E. Burdek）认为:“系统论被视为对设计有益的重要学科，通过它培养了学生逻辑化和系统化思考的能力。”[①] 在信息环境下,“智慧化”生活需求使得设计关注范围不断扩大，与传统设计的概念和方法产生很大差异，一个显著的趋势是设计越来越强调系统、智能化、体验、责任等意义，它帮助创造新的服务或提高现有的服务水平，使客户觉得更加有用、好用、满意，并且对组织来说更加有效率。就像电脑和互联网的作用一样，人们容易感受到高技术产品为交流带来的便利，而看不到写信过程与人发生的物质关系，这种物质关系是文化认识、方式体验和效能的认同过程。

从设计洗衣机的造型到设计清洁衣物的服务系统，从对票面二维码、购票设施等具体物的设计，到随时随地的移动平台购票，通过扫码及更丰富途径验票的客运服务系统体验设计，设计价值实现了由传统“赏心悦目”到“愉悦体验”的升华。随着“以产品为中心”到“以消费者为中心”转变，消费者观念从注重产品的质量、功能、价格到注重品牌的易用性、体验、愉悦感等服务内容，这涉及企业如何以产品为基础提供更好的产品系统服务。以某科技公司为例，其产品最大的吸引力在于它建立了完善的线上线下产品服务系统，人们可以方便地使用服务软件下载需要的各种音乐、游戏等，这正是把握了用户服务需求的产品系统设计案例，这种解决方案包括物质产品和非物质服务。近年来，国际设计公司 IDEO、Frog 等提出的设计思维就是一种设计整合的创新思维方式，认为设计思维能应用到不同领域和组织，解决社会的广泛问题，如帮助农产品企业设计都市农业的未来服务形态等。

① 伯恩哈德·E·布尔德克．产品设计：历史、理论与实务[M]．胡飞，译．北京：中国建筑工业出版社，2007：190.

以 IDEO 为新西兰航空解决长途乘坐体验问题为例，飞机出行总量中以经济舱为主流，几乎每位搭乘经济舱长途飞行的乘客都会有痛苦回忆，如座位拥挤、长时间蜷缩、腿脚麻木等，严重的还会引发血栓，老年人身体反应会更加糟糕。从健康角度来看，这已经威胁到乘客的身体健康，被称为“经济舱综合征”，但舒适的头等舱和商务舱又票价昂贵。为此，新西兰航空与设计公司合作重新设计经济舱长途旅行体验。

IDEO 围绕长途旅行服务和娱乐系统进行分析，与乘客、机组乘务人员、顾客进行深度访谈，制作 1：1 尺寸座位区模型、视频模拟服务场景和体验过程，针对“经济舱综合征”问题设计了“空中睡椅”概念，当乘客将并排 3 个座位扶手收起就形成一张简易床，可供 2～3 人的小家庭乘客相拥小憩，两人乘客可买两张全价机票加一张半价机票享有整张空中睡椅。在航班视频和娱乐系统平台上增加分享功能，同一趟飞机的乘客之间可以相互分享照片、旅行体验以及目的地旅游经验等。改造后的新西兰航空旅行服务体验得到了极大提升，并创造了航空新词汇——卧铺舱（Cuddle-Class），如图 2-2-1 所示。

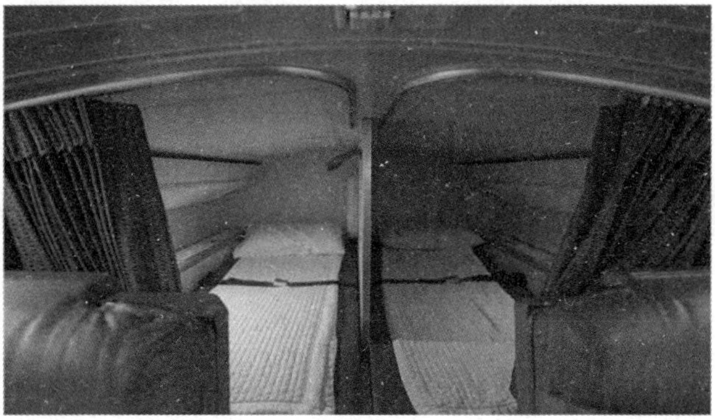

图 2-2-1　卧铺舱

## 第三节　服务设计思维中心点

服务设计思考对象包括服务受众与服务提供者、服务环境与设施用户使用流程的体验状态。亚利桑那州立大学服务领导中心埃莉诺·奥斯特罗姆（Elinor Ostrom）认为，服务设计的中心点是将服务战略和创新服务理念融入生活，通过整合各种内部和外部利益相关者，为顾客、员工、商业伙伴和公民打造全方位的服务体验。瓦拉瑞尔·A.泽斯曼尔（Valarie A. Leithaml）鉴于服务设计跨学科和互动性质，提出服务设计思维核心五项原则，分别为以下5点。

（1）以用户为中心：从顾客视角来设计和体验服务。

（2）共同参与：应尽可能让所有利益相关者参与服务设计过程。

（3）流程化：服务应被视为一系列相互关联的活动。

（4）有形化：无形的服务应转化为可见的人为展示形式。

（5）整体性：整个服务环境均应得到考虑。①

## 一、利益相关者分析

利益相关者思考是系统化、动态化理解问题的重要方法，企业管理、日常生活问题等都可以从此层面深入分析。中国军事史上著名的小人物改变战争走向的故事，就是典型的利益相关者影响。例如，公元前607年春，强大的楚国指使附属郑国攻打宋国，宋国安排一名叫华元的将军领军迎战，为鼓舞战士斗志，华元将军在战争前夕以酒肉犒赏三军，席中有人看见将军的车夫羊斟独自在军营角落啃干粮，就建议华元也赏喝车夫一块羊肉，华元却不屑地说打仗不是靠车夫。不久，郑宋两军开战正酣时，羊斟驾着华元的战车直接冲向郑国军营，华元急忙呵斥车夫，结果车夫说了一句流传至今的名言："畴昔之羊，子为政；今日之事，我为政。"（《郑败宋师获华元》）意思是以前分羊肉你说了算，现在驾车我说了算。很快车夫就把马车赶进敌营，华元被俘连带宋军惨败。从利益相关角度看，车夫显然也是战争事件的利益相关者，虽然看似不起眼，被忽视的后果是造成整体利益损失。

利益相关者（stakeholder）最早产生于管理领域"企业依存观"研究"互动观"，1963年经历了"依存观""系统观"的美国著名的斯坦福研究所（Stanford Researech Institute，SRI）明确提出利益相关者的定义，指与企业生存和发展相关的群体或组织。阐释了企业整体利益不仅受管理者、消费者、投资人等的直接影响，企业周围相关者也能影响其生存发展。1974年，交互计划法（interactive planning）问世，其中包含了"在解决社会问题过程中要吸收利益相关者参与"

① 瓦拉瑞尔·A.泽斯曼尔．服务营销[M].张全成，白长虹，杜建刚，等译．7版．北京：机械工业出版社，2018：189.

这一观点[①]。1949 年，弗里曼（ Luke Freeman）在《利益相关者管理的分析方法》中将利益相关者理解为“受到一个组织实现其目标过程影响的所有个体和群体”。此后，各领域学者将利益相关者概念动态演化，形成利益相关者理论的多样性应用。

企业良好的产品服务除了有形产品功能及直接提供者，还包括产品功能背后的服务支持系统，如零售商、售后人员等共同建立的产品服务生态系统。服务设计思考借用了企业利益相关者概念，包括弗雷德里克（Frederick）将利益相关者分为直接利益相关者（股东、员工、供应商、零售商、产品用户、竞争者）和间接利益相关者（政府、社会团体、媒体、公众）。陈宏辉（2003）根据利益相关者重要程度将其划分核心利益相关者、蛰伏利益相关者、边缘利益相关者，如图 2-3-1 所示。这些划分指导了用户体验设计思考，演化出产品服务利益相关者（指与用户产品使用过程有一定利益关系的个人或组织群体）直接或间接影响用户服务流程中的某一环节的互动体验。

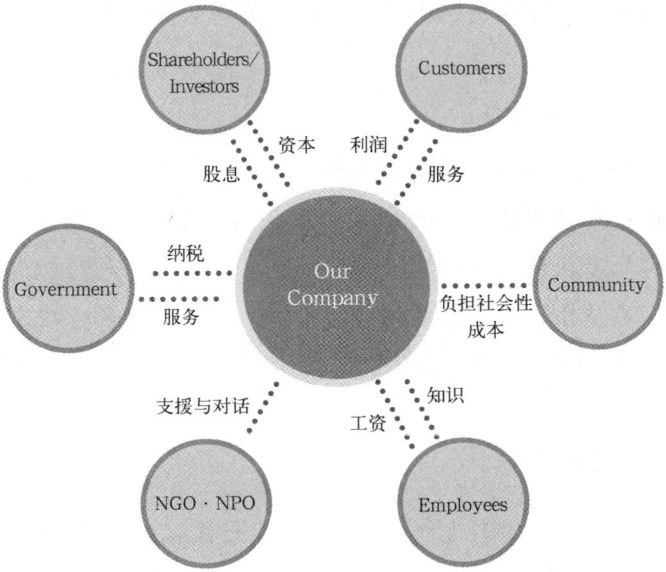


**图 2-3-1 弗里曼“利益相关者”图**

因此，利益相关者是研究用户体验和产品服务绕不开的思考对象和重要角色。

① 王金锡．长江中上游防护林体系生态效益监测与评价[M]. 成都：四川科学技术出版社，2006.

利益相关者分析可以帮助设计师快速识别关键影响者，针对性获取利益相关者意见，协调利益相关者之间的矛盾。服务设计的利益相关者思考主要围绕“利益相关者是谁”和“为什么要考虑利益相关者”，从“确定—整理—理解”3 步展开和可视化分析记录。

（1）确定利益相关者范围

利益相关者分析的第一步是确定哪些是产品服务的利益相关者。可以采取头脑风暴、列举内外部可能影响者等形式，将相关利益者尽可能全部罗列在纸上。如老板、投资人、设计师、技术人员等会直接影响产品服务功能和质量的人，社区、商场销售者、环保组织、媒体、家人等会从外部影响产品购买和使用体验的人。

（2）整理利益相关者重要次序

当设计团队列出很多与产品服务相关利益者后，还需要进一步分析不同群体对产品服务的影响程度和影响环节位置，以便明确服务体验设计问题的关键。设计中一般把利益相关者按照与服务体验联系紧密程度分为核心利益相关者、直接利益相关者、间接利益相关者。

（3）理解关键利益相关者

整理好利益相关者的相互关系和重要次序后，接下来要对重要、关键性利益相关者展开分析，充分了解他们的态度、诉求、行为、信息和沟通方式，以保证服务设计思考能充分获得支持和解决关键问题。还可以在利益相关者关系图上使用色彩区分不同利益相关者的态度和行为差异，如倡导者和支持者、阻止者和批评者、不明确者等，使利益相关者理解可视化。

## 二、服务设计流程优化

服务设计流程思考借用了管理学的流程再造方法，流程再造（Business Process Reengineering，BPR）最早由美国迈克尔·哈默（Michael Hammer）和詹姆斯·钱皮（James Champy）提出，指以顾客需求和满意度为中心，对企业业务流程及支撑系统、组织等进行再思考和重组优化，实现成本、服务上的大改变。过去，设计师擅长从用户使用角度洞察问题和创新，这种方式可以改善用户与产品接触层的交互体验，但使用前和使用后的交互体验被忽视，即用户体验没有形成完整体验闭环。约亨·沃茨（Jochen Wirtz）和克里斯托弗·洛夫洛克（Christooher Lovelock）指出："拙劣的流程设计可能会惹怒顾客，因为这些服务流程传递的通常是缓慢、令人沮丧、质量低劣的服务。"①

IDEO在发现用户体验问题和创新产品服务时，提出可采取将产品服务分解成组合要素或把客户经历分解成不同的独立要素。如将机场体验前期分解为9个要素：(1) 通过各种交通工具到达机场；(2) 找到正确的候机室；(3) 在检票处办理登机手续并检查行李；(4) 确认或选择座位号码及确定登机口；(5) 安全检查；(6) 抵达指定登机口；(7) 检查航班时间；(8) 等待登机通知；(9) 进入登机通道。②

这种思考增加了使用前端和后端全流程考虑，围绕服务流程中的所有接触点、利益相关诉求进行设计改善，流程再造的本质要着眼于四个关键特征思考（流程再造的出发点、对象、主要任务、目标）。流程再造的出发点是用户在内外环境变化下的体验需求，再造对象是一系列产品使用逻辑相关行为的有序集合，主要任务是重新设计新的服务流程及体验方式，目标是彻底改善现有问题。③

### （一）设计思维工具——服务设计流程图

流程图是由约定俗成的形状符号、文字、箭头线组成的，以直观描述用户操作的操作步骤、先后顺序和功能逻辑关系，是产品使用功能的导向性图表，设计师通过流程图了解服务接触点，也可理解为用户操作服务路径。在方案设计初级阶段，设计师可以使用卡片标注每一步操作触点，在桌面上移动和调整服务流程逻辑。需要注意的是，表示业务或工作流程的组织流程图与服务体验流程图有一定的差异。

组织流程图常见于机构办事流程告知、服务过程公告，特征是宽泛、简单，便于办事者理解，没有标准、规范的图示方式，主要揭示工作流的走向。服务设计流程图虽然也是使用功能的图形表达工具，但其对象是服务界面逻辑，图框内容是产品服务功能界面，图2-3-2是洗衣房自助使用业务流程图。

① 约享·沃茨．克里斯托弗·洛夫洛克服务营销[M]．赵伟韬，谢晓燕，译．8版．北京：中国人民大学出版社，2018：215．

② 汤姆·凯利，乔纳森·利特曼．创新的艺术[M]．李煜萍，谢荣华，译．北京：中信出版社，2010：196．

③ 葛红光，张承巨．业务流程再造理论研究[J]．科技与管理，2000（2）：72．

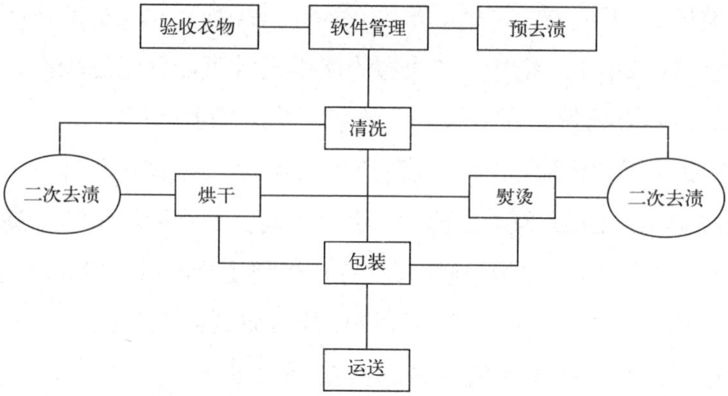


**图 2–3–2　公共洗衣流程图**

设计流程图的基本构成图形如图 2–3–3 所示。圆形表示开始和结束，矩形框表示操作步骤和接触点，菱形表示前提条件或下一步行为的设定要求，箭头图形表示流程完成顺序。

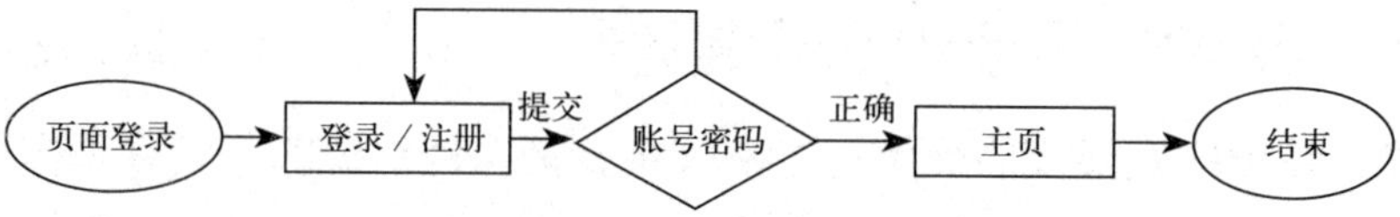


**图 2–3–3　服务功能流程图**

一般初学者设计流程图时容易犯以下两种错误。

一是设计流程图里面有系统内部数据逻辑，这与用户操作界面无直接关系，不是用户要思考的事情，如图 2–3–4 所示标“×”的矩形是多余部分。

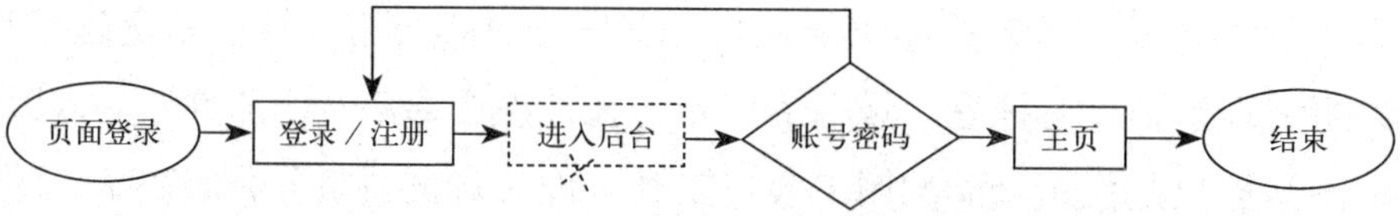


**图 2–3–4　服务功能流程图**

二是把操作步骤和操作界面混在一起都用矩形表示，如果设计师想把界面信息介绍详细，可以将主要内容放进矩形框内，如图 2–3–5 所示。

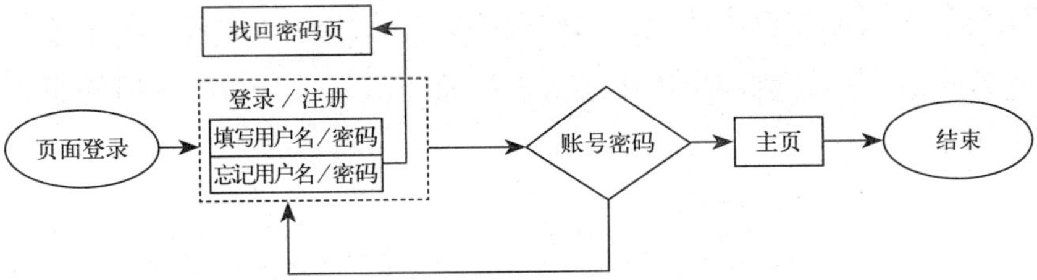


图 2–3–5　服务功能流程图

### （二）服务设计流程优化的作用

这里将传统就医服务流程和“互联网 +”就医服务流程设计进行比较，可以明显看出服务设计体验的流程优化重要性。

就医是人们生活中的一件大事，城市的快速发展和城市人口的爆炸式增长，增加了医疗服务的压力。在医疗服务体系中，医院是患者看病最集中、就医体验问题较多的地方，最集中的问题就是“三长一短”（挂号、缴费、候诊时间长，就诊时间短）。

事实上医疗机构并非不想给用户提供最好的服务，医护人员也深感工作压力大、工作任务多。从问题的关系结构看，造成“三长一短”现象的原因主要与以下三种。一是病人就诊时间过度集中。70%～80% 的病人集中在上午 8—11 时就诊，使门诊工作超负荷，病人只能提前到医院窗口排队拿专家号。

二是就诊环节设置不合理，病人需要在挂号、候诊、划价、拿药等部门来回奔走，有时医务人员的错误还会使病人多次往返诊室，延长了病人的滞留时间。

三是多处划价和排队，门诊划价药品划价、检查划价等分散在不同楼层或楼栋，病人来回跑动和反复排队。图 2–3–6 是医院传统服务模式的门诊流程，其中存在较多重复性非诊疗时间浪费，优化门诊服务流程关系着患者就医体验的提升。

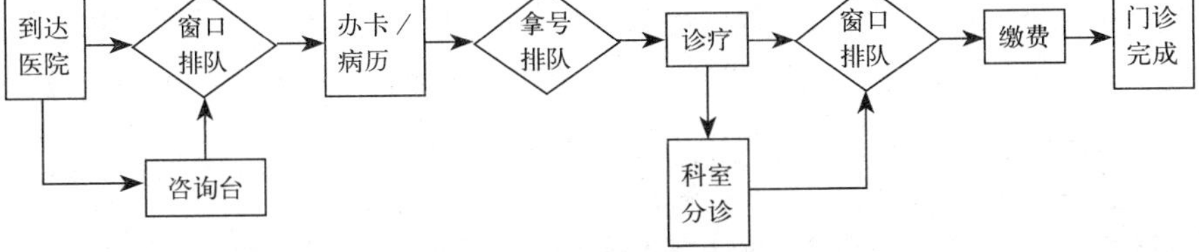


图 2–3–6　医院传统门诊服务流程

为此，不少大型医院依托“互联网 +”优化传统就医流程中“三长一短”问题，通过智能信息终端把非诊疗环节以人机接触的方式完成，改善就医服务的传递环节和就诊方式，利用智能应用优化病人看病服务流程设计，改善后的服务流程如图 2–3–7 所示。

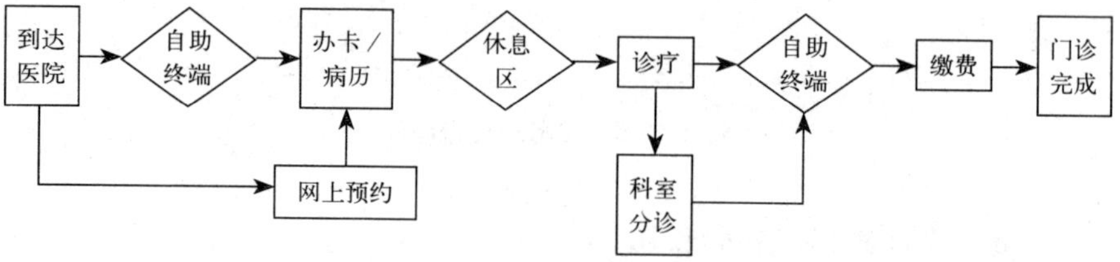


**图 2–3–7　病人门诊服务流程设计优化**

随着智慧城市建设的开展，生活中很多体验糟糕的服务流程在智慧产品辅助下得到有效改善，这种改善正是利用智慧设施接触点重组了服务流程。所以，信息技术的作用，一是共享数据，简化流程程序，二是以远距离信息技术增进部门协调[①]。

## 三、设计体验综合性考虑

体验是一种客观存在的心理需要，随着社会物质的丰裕和生活节奏的不断加快，消费者更关注自我感受与满足，人们会用心情、记忆、感觉等词语来评判消费价值。体验消费是用户导向（useroriented）消费模式，指消费者通过特定的方式与产品或服务交互获得体验，随着移动互联网和智能终端的普及，物品以智能为基础，形式意义隐身化，这种交互体验更加重要和丰富多样。今天，用户体验是设计方案的基本原则之一，斯科特·麦克凯恩（Scott McKain）在其著作《商业秀》中反复追问：企业到底是生产产品，还是生产生活方式？并指出："用户不会忠诚于一件产品，而是忠诚于一种体验，这种体验由产品、产品有关的服务、感情、利益和产品使用带来的便利等综合因素创造的。"[②] 从吃饭的碗筷到手机娱乐程序、从公共交通产品到户外旅游休闲，都需要考虑用户参与体验及方式。"用户体验可以扩展到人们与产品交互时的几乎所有事情，从文字、色彩方案到引发的关联、描述它的语言语气、再到客户支持等。"[③]

① 梅绍祖．流程再造：理论、方法和技术[M]．北京：清华大学出版社，2007：8．

② 麦克凯恩．商业秀[M]．王楠岽，徐化，译．北京：中信出版社，2004：195．

③ 库涅夫斯基．用户体验面面观：方法、工具与实践[M]．汤海，译．北京：清华大学出版社，2010：36．

“用户体验是用户与产品、服务和系统交互过程中感知到的全部要素。”[①] 日本设计师樽本徹也在其《用户体验与可用性测试》一书中指出：“用户体验包含使用前、使用时及使用后所产生的情感、信仰、喜好认知印象、生理学和心理学上的反应、行为及后果。”[②] 无论产品体验还是服务体验，都是一种全局性体验，如铁路公司为了解决买票难的问题、让乘客更愿意选择火车出行，建立网上购票平台解决车站人多排队痛点。交互设计师的职责就是弄清楚谁使用购票 App、目标用户需求和体验是什么、购票过程中遇到哪些问题，在此基础上完成 App 界面设计和交互情景设计，再由开发人员实现程序运行。

以 12306 购票平台为例，该平台刚出现时确实能缓解乘坐火车前的排队体验，但乘客乘车体验问题并没有全部解决，如现场在自助机取票、检票进站后找候车台、车上用餐、火车上的服务人员态度、如何找到出站口等，这些服务接触点都会影响乘车体验。如图 2–3–8 是站台车厢数指示标识，有心观察到此事的人应该有过体验困惑，站台登车处地面贴上车厢数字本意是方便乘客快速找到自己的车厢位置但由于同一站台位置，会有多辆车停靠，便会出现 2–3–8 所见多色彩、多数字符号，反而使乘客无所适从。

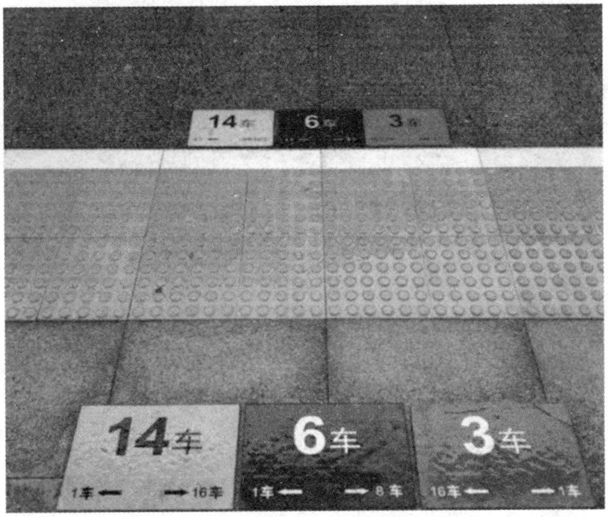


图 2–3–8　高铁站台车厢数指示

① 凯茜·巴克斯特．用户至上：用户研究方法与实践 [M]．王兰，杨雪，苏寅，译．北京：机械工业出版社，2017：2.

② 樽本徹也．用户体验与可用性测试 [M]．陈啸，译．北京：人民邮电出版社，2015：7.

此外，乘客走到站台后往往正好在火车中间位置，如果没有车厢前后顺序信息指示，需要自己判断向前走还是向后走。因此，从二层下到站台的楼梯处人群行走秩序最混乱，有人向前走一段发现车厢数字才知道走错方向，又重新走回去；有人则从后面向前面返回。而图 2–3–9 高铁站台到站动车信息显示上增加当前车厢号，就较好地解决了乘客不能快速判断前后车厢号的问题，从这些服务接触点的改进可以看出服务设计思维的重要价值。

图 2–3–9　高铁站台信息显示

乘车体验反面案例：北京南站是高度现代化、亚洲最大火车站，在建造中攻克了多项世界级技术难题，硬件设施和空间面积属国内一流。但 2018 年这座现代化火车站在媒体上突然走红，被乘车旅客称为北京“难站”，中国交通报曾说：“在北京南站送别朋友，当朋友告知已到天津东站，却发现自己还在南站排队等出租车……”旅客进站和穿行候车厅内商铺时像走迷宫，甚至有人在北京南站迷路，有人说看不到厕所标识，如图 2–3–10 所示。细细观察乘客们的抱怨点可以发现，这些都是服务体验设计问题。因此，服务设计是全局性体验设计，从整个乘车流程来看，单一产品设计是无法满足乘车体验需求的。从准备购票、买票、取票、进站、候车到车上服务、到站，每个服务触点的用户体验都要考虑，不仅要改善乘客乘车体验，还要提高铁路公司运营效率和铁路服务人员服务质量。

图 2-3-10　北京南站候车厅通道

如大家熟知的二维码服务应用就是典型例子。二维码的广泛应用得益于它满足了现代社会人们对时间和信息碎片化需要，在扮演视觉媒介和产品的同时，也被作为一种服务载体，将消费者、厂家、电商、地理位置等联系在一起，起到连接现实世界与网络世界的信息入口、服务和交互沟通的平台作用。一方面，二维码的信息通道功能建立了一种“社交（social）+ 本地（location）+ 移动（mobile）”消费生态圈和社交模式，扫描二维码实现登录网站、浏览内容、完成意见反馈、产品比价、了解他人评论或购物心得等功能，缩短用户使用和接收信息的时间，改变大众接收信息、获取知识的方式，使公共场所和私人领域边界模糊，个人与个人、群体、社会的信息交易和整合成本降低。另一方面，二维码服务增强了个人身份的社会认证，部分代替实体产品的信息记录功能，如火车票、电影票、门票优惠券下载以及身份验证、名片交换、电子登机牌等，将文字、图像、声音浓缩在图案中，用户通过二维码将信息储存在手机上，在消费时出示即可。既可以减少日常生活麻烦，如买票排队的痛苦、繁杂的手续等，也创新了绿色生活方式，减少资源浪费。二维码体验服务也改变了传统媒介“扰人”形象，将人、移动设备、地理信息、线上线下结合到一起，使信息效应从被动服务转向主动服务。

二维码设计增加了个性化选择机会，使信息的一对一传播、定制服务逐渐呈现和成为常态，每个受众都可以拥有自己的个性表达和独特需求。例如，某流媒体音乐服务平台为用户提供了音乐编辑自助服务，消费者可以根据喜好创建音乐杂锦并生成二维码，很多人运用此功能做成二维码数字卡片，在网上分享或生成问候卡邮寄给心仪的某个人，用音乐传情。

另外，在互联网时代，人的行为、位置、衣食住行都可通过数据记录展现给他人，但大数据和用户之间最大的鸿沟是数据的选择性、可用性问题。二维码设计让个人在信息可用性方面更加便捷，通过巧妙运用视觉语言和交互方式提升公众兴趣，让公众与二维码在互动中获得审美体验，真正实现数据的可用性价值。如韩国某超市的二维码装置设计也是典型案例，由于人们去超市的时间主要集中在下午或晚上，该超市为了改善现状，在超市门口设计了一个利用光线投影形成二维码图像的互动装置。每当正午时间，消费者扫描阳光投射出来的影子，就可以进入超市网站，获得优惠券，这种创意方式吸引了不少路过者，也提升了超市中午时段的销售额。

由此可见，服务设计是产品服务系统的整体体验应用，其设计方案讨论除了应用一般体验设计方法（用户访谈、观察，设计交互原型），还有服务系统设计研究工具，服务中所有参与者和利益相关者的关系，面向用户的所有接触点和服务后台关系以及服务蓝图梳理等。

# 第三章　服务设计常用分析手段与工具

设计初学者面对设计项目经常会不知如何着手，陷入琢磨产品造型创意的过程中，但产品造型创意只是设计表象，不是设计真正要解决的问题核心点，最终造成设计师对用户需求、交互方式、设计逻辑等缺乏准确的理解，思路混乱。事实上，设计方案创新过程更多时候是设计、调研、分析和获取数据，支撑设计，提炼用户核心利益点并依此展开具体设计。设计师需要借助相应的设计方法和分析工具从客观角度认知用户、发现和可视化设计问题、寻找设计方向，将混乱信息和思维以可视化方式从无序转到有序，如图 3–0–1 所示。

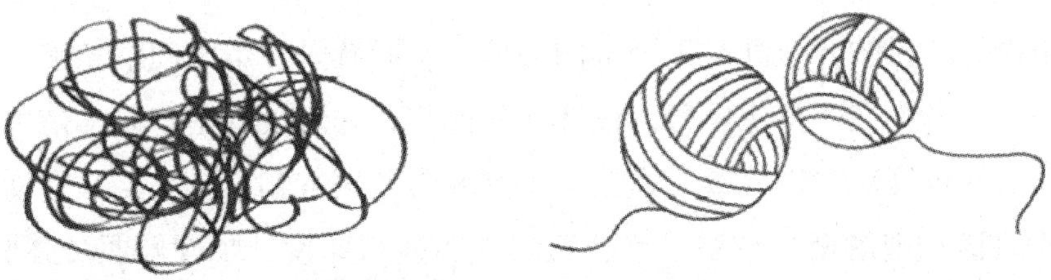

**图 3–0–1　设计思维从无序到有序**

安迪·宝莱恩（Andy Polaine）、拉夫伦斯·乐维亚（Lavrans Lovlie）和本·里森（Ben Reason）在《服务设计与创新实践》中以挪威 Gjensidige Forsikring 保险公司（GJF）“终极客户导向 ECO”服务改革项目为例，归纳了服务设计流程包括“收集洞见、数据研究、工作坊服务蓝图、服务提案、概念草图、体验原型、测试和交付”[①]。国际服务设计联盟（北京）主席、清华美院王国胜教授提到：“服务设计师常用服务价值网络、用户体验路径、服务模式、服务蓝图、服务触点几方面描述服务系统。”[②] 从这些研究实践可以看出，服务需求的观

① 安迪·宝莱恩，拉夫伦斯·乐维亚，本·里森．服务设计与创新实践 [M]．王国胜，张盈盈，付美平，等．北京：清华大学出版社，2015：4.

② 刘军．服务设计思维与方法 [M]．北京：光明日报出版社，2022.

察和解读服务创新方案的转化需要相应的工具和方法。目前，服务设计研究者已经初步建立了服务设计术语、分析方法和技术工具。

其中，用户观察和理解涉及用户访谈、用户角色模型、SWOT 分析、产品生命周期、双钻模型等设计思维方法，服务体验分析工具和创新方法有用户行程地图、故事板、利益相关者地图、商业模式画布、服务蓝图服务原型等，这些方法和工具能为服务提供研究者评估产品机会、制定设计目标和策略、定义产品服务需求，分析阻碍用户体验的关键障碍、完成服务设计信息架构等，为设计方案提供有说服力、有依据的思考和创意输出，为设计团队提供可重复操作的研究流程。

## 第一节　服务体验分析手段

### 一、用户旅程地图在服务体验分析中的作用

由于设计项目的开展涉及不同部门合作、不同背景、不同问题角度，而团队人员对用户理解存在碎片化现象，设计师如何与合作者共享用户需求是关键，用户旅程地图的可视化和讲故事方式建立了有效沟通语言和交流文档，有助于促进大家协作对话和理解用户情境。用户旅程地图能帮助设计师理解服务体验全景，帮助文案人员识别用户难点，帮助产品设计者理解产品服务环节的阻碍所在，帮助管理者发现不同服务触点的协作断层。

服务设计的用户旅程地图（User Journey Map,UJM）是以图形可视化形式、第一人称视角描述用户经历整个服务流程时的触点、需求和痛点，也可以理解为用户的服务体验故事。用户旅程地图适合梳理服务流程的用户使用场景和体验问题，帮助团队跨专业交流与定位问题。它将模糊需求分解成用户角色、使用场景、行为交互、体验感受等模块，包括用户的需求、了解和使用产品（服务）的方式、需求满足方式以及使用过程的接触点、槽点和满意点、情感体验状态等，为设计师从中发现问题和痛点、理解用户需求提供分析框架。图 3-1-1 描述了用户使用外卖点餐平台过程，通过任务拆分，帮助设计者发现以往没注意到的用户线上点餐体验问题。

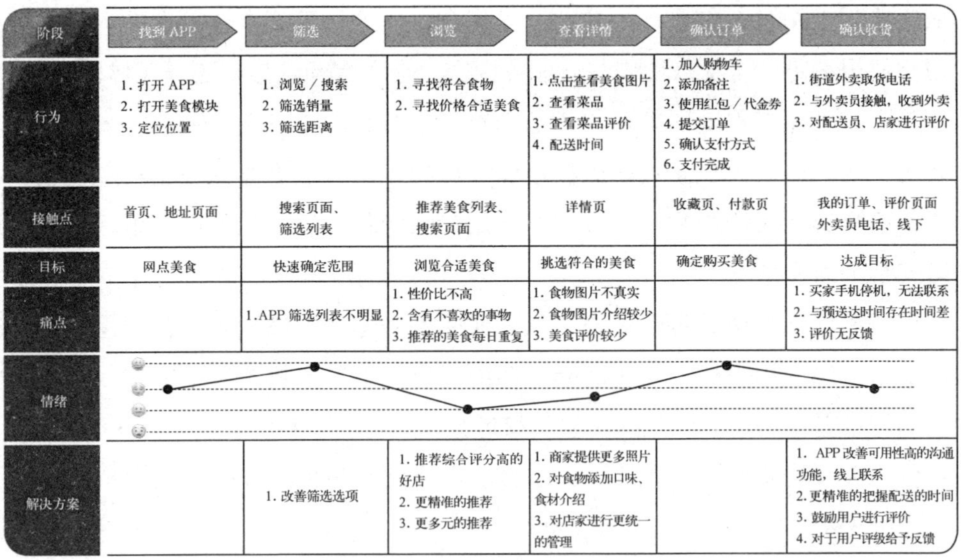


**图 3–1–1　外卖平台点餐用户旅程地图**

用户旅程地图的基本框架是以用户使用过程为横向时间线、以关键行为交互点为纵向架构，主要讲述用户使用的感受、动机、接触点、行为问题，在某种程度上可理解为一种简洁的“时间—行为”的信息图，如图 3–1–2 所示。

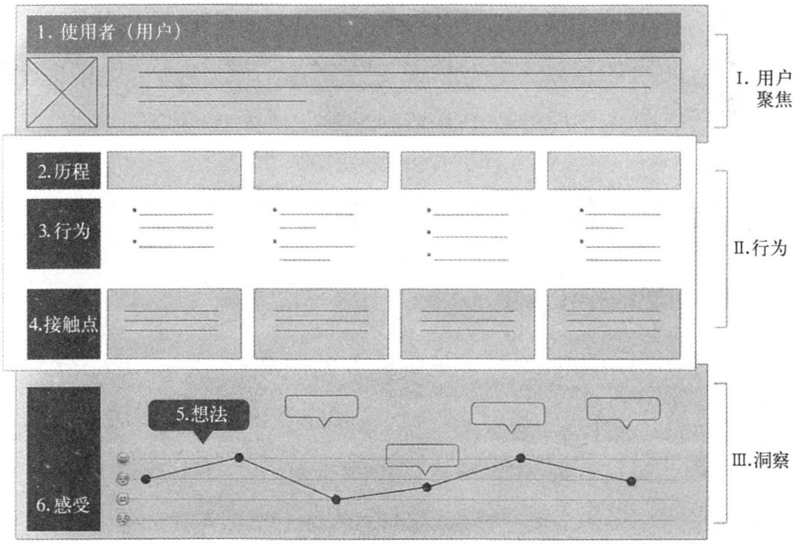


**图 3–1–2　用户旅程地图基本结构**

一个旅程地图针对一个用户角色行为和一件事情，但图表形式可以多样化，在描述旅程地图时，需要在用户范围、焦点、广度和深度上进行选择，如需要多少用户使用细节、需要概括哪些接触点内容、是现有问题分析还是新体验设想等。

另外，创建旅程地图的目的不是创建一张漂亮的信息图表吸引跨团队协作人员认可不成熟的设计概念。在旅程地图设计中，用户故事建立在真实叙述上，即需要提前收集产品的用户使用数据，对用户的问题、感受和动机了解翔实，以用户研究结果为参考点。

用户旅程地图格式可以多样，只要能准确表达用户使用需求、问题及体验过程的情绪，保证用户故事叙述清晰、简洁即可。但基本要素必须固定，其基本要素包括使用者（用户）以及其历程、接触点、行为、情绪。

使用者（用户）：确定以什么样的用户为故事角色，进而从用户角色出发梳理使用经历。

历程：旅程地图最适合描述一系列事件的场景，如购买行为、旅行、产品使用前中后阶段等。

接触点：将体验接触点（参与者实际与产品服务交互的时间、场景、物品）和通道（通信、服务交付方式，如线上网站或线下实体与用户期望目标和操作行为的对应，这些元素分析很容易暴露出已有产品不一致和不连贯的服务体验痛点。

行为：用户在产品完整使用行为或事件展开过程中所发生的交互动作。

情绪：用户对具体接触点体验以及交互行为的满意度、想法和感受等，这些会引起用户经历服务体验后的心态和情绪变化。

## 二、服务分析工具——服务设计蓝图

### （一）服务蓝图的操作步骤

服务设计蓝图引申于服务科学里的服务蓝图（Service Blueprint），服务蓝图详细描述了服务展开过程、接触点以及顾客和服务提供相关者服务中的可见实物与不可见系统要素。它按照服务任务流程把顾客行为合理分块，并逐一描述步骤任务，是基于流程图的服务分析工具。“服务蓝图”一词最早是 G·利恩·肖斯塔克（G.Lynn Shostack）在 1984 年 1 月的《哈佛商业评论》中提出，以“可见线”（line of visibility）将顾客服务分为体验前台和操作后台两个区域，如图 3-1-3 所示。

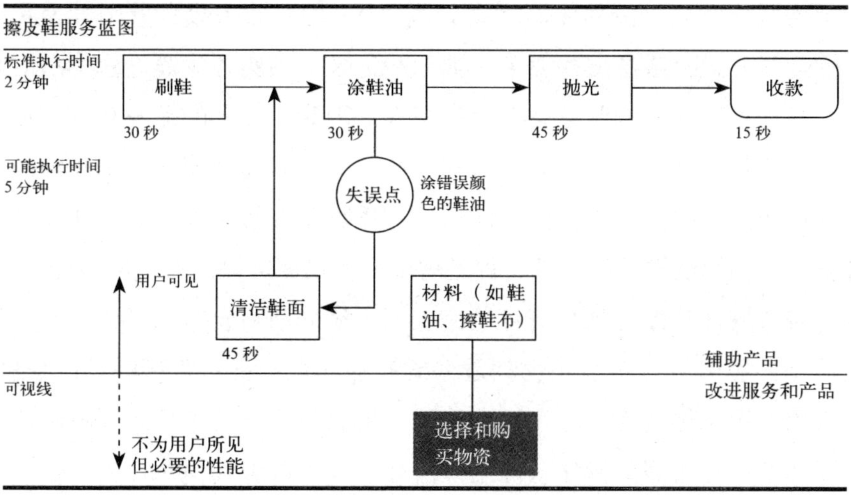


**图 3–1–3　G.Lynn Shostack 的服务蓝图框架**

1993 年，金曼·布伦达格（Kingman Brundage）从 X 轴和 Y 轴完善服务蓝图的服务活动时间流程及服务行动内容。2004 年，皮雷斯（Pires）和斯坦顿（Stanton）在顾客与前台互动中间增加一条交互线（line of interaction），在前台服务和后台支撑服务之间划分内部交互线（line of internal interaction），进一步明确了不同服务层面关系，如图 3–1–4 所示。

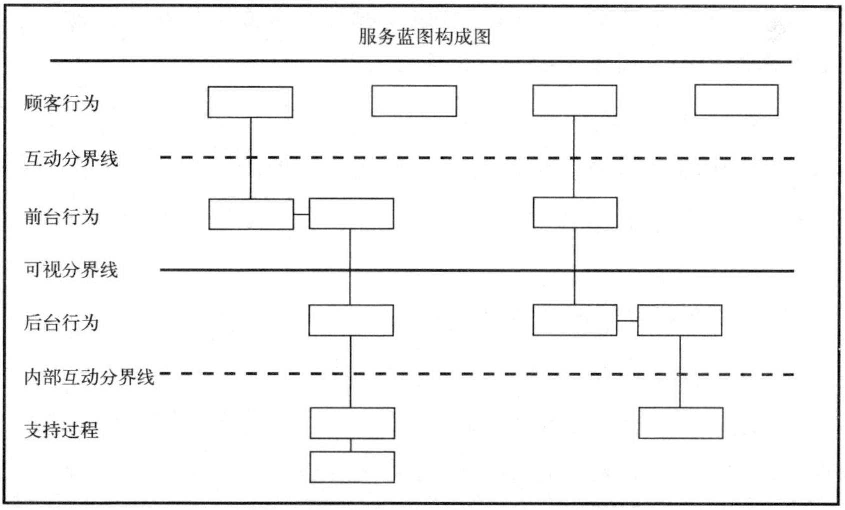


**图 3–1–4　Pires 和 Stanton 服务蓝图基本构成**

服务设计蓝图在用户旅程地图的基础上增加了前后台服务要素。旅程地图聚焦用户前台服务时间、流程体验（服务蓝图X轴），服务设计蓝图则聚焦服务流程后面的运行方式、系统支撑要素，揭示和记录产品服务体验过程背后的组织结构，它是基于旅程地图的服务系统深化探究。因此，二者的差异在于广度和深度的侧重，它们是设计分析的前后关系和互补关系，旅程地图记录用户经历的可见层服务和用户图景服务，设计蓝图描绘用户体验服务后台如何运行和实现用户需求，是服务结构的整体关系分析，都是理解和使用服务设计方法的关键工具。

通过服务设计蓝图工具分析可见线上下区域的前后台交互行为，可以帮助设计师发现用户服务经历中与相关利益者的接触次数、谁负责哪些环节提供服务，有助于从用户视角更全面、深入、准确地了解服务设计的失败点影响因素和服务活动薄弱环节，完善服务操作（使用）流程，改善服务环境和设施，提高用户满意度。

### （二）服务蓝图的组成及要点

不论设计研究者如何完善服务蓝图使用，其基本结构和元素都会包含有形实据（physical evidence）、用户旅程（user journey）前台服务行为（onstage action）、后台员工行为（backstage action和支持系统（support process）五个部分。其中，有形实据指用户接触到的实体东西，用户旅程指用户行为和互动经历的服务流程，前台服务行为指用户直接接触到的服务人员及其行为，后台员工行为和支持系统指用户看不到的幕后服务支持者系统。

（1）明确服务蓝图的用户对象和服务流程内容。明确建立服务设计蓝图的目的，分析用户和服务流程。若只是想了解用户服务流程的总体结构，可以粗略绘制服务环节和前后台任务步骤；若需要详细诊断和改进已有的服务问题，可以逐步细化用户行为和任务。

（2）从用户角度描绘服务交互过程。以图文方式在可见线上描绘用户行为内容以及对应的前台服务界面内容、后台服务系统。

（3）描绘前台与后台服务系统的行为。用交互线连接用户和前台服务人员的行为联系，用内部互动线勾画前后台人员和系统部门的联系。

（4）在用户每一步行为任务上写出相关有形实据，列举用户行为相关物品，包括产品、信息、有形平台等。

# 第二节　服务需求与人物关系分析工具

## 一、人物关系分析工具——关系图

服务设计的相关利益者关系图是以用户为中心研究设计项目主要相关人物关系的方法，它以图形可视化形式将用户体验相关利益者信息进行汇总，帮助设计师梳理利益相关者关系，直观了解设计任务不同的影响者，也为设计团队跨专业交流提供共享语言。在开始阶段，利益相关者分析图的重点是“保证全面涵盖所有相关人物，除了最终用户，还需要涵盖从中受益的人、拥有权力的人、可能受到不利影响的人，甚至可能阻扰或破坏设计成果或服务的人”[①]。其制作步骤有5步。

（1）如图 3–2–1 所示，列出相关利益者名单，如用户购买家具的利益相关者，涉及家居卖场、环保部门、网络媒体、厂家、快递物流等，写在卡片、便签、纸片上。

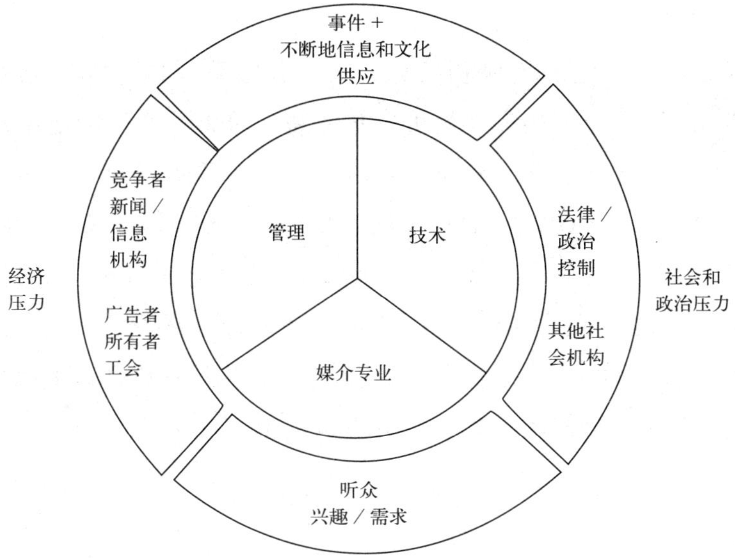


**图 3–2–1　利益相关者图构建**

① 贝拉·马丁，布鲁斯·汉宁顿．通用设计方法[M]．初晓华，译．北京：中央编译出版社，2013：80.

（2）区分相关利益者属性，按照优先级或类别属性、影响程度等进行归类。如从中获益者、拥有权力的人、可能受到不利影响的人、阻扰设计结果或服务的人等。

（3）在白板或墙面上按相关利益者属性联系设计属性关系框架结构，将不同类别的利益相关者纸片粘贴在关系图中。

（4）使用箭头线画出不同利益相关者之间的影响关系、影响因素等，可结合文字、图像、照片。

（5）团队成员一起分析利益相关者关系图是否完整准确，随时调整纸片位置，直到团队成员达成共同认识。

## 二、SWOT 需求分析图

SWOT 成因图指优势（strengths）、劣势（weaknesses）、机会（opportunities）和威胁（threats）模型，由美国学者海因茨·韦里克（Heinz Weihrich）于 20 世纪 80 年代提出，被用作分析企业竞争力、竞争对手情况，该分析图将企业内部优势和劣势条件、外部机会和威胁进行可视化，为直观了解企业或产品现状及未来定位提供帮助。

S 和 W 分别代表内部优势和弱势，主要着眼企业自身或产品技术、竞争力、资产等。O 和 T 分别代表外界机会和威胁，着眼外部环境变化及对企业的可能影响，如市场需求变化、政策、竞争对手等。美国管理学家迈克尔·波特（Michael Porter）基于 SWOT 分析归纳了 SO 型（“优势 + 机遇”）、WO 型（“劣势 + 机遇”）、ST 型（“优势 + 威胁”）、WT 型（“劣势 + 威胁”）四种情况。现在 SWOT 分析图被应用到很多领域，产品系统设计、服务设计也引入了该方法用来了解设计需求背景，产品与服务相关因素的来源、变化和影响服务设计中的 SWOT 成因。SWOT 分析图元素如图 3–2–2 所示。

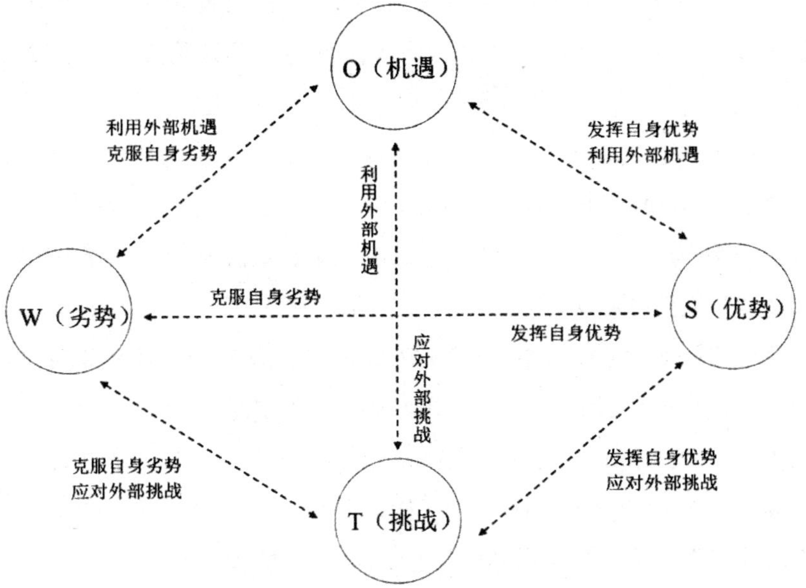


图 3–2–2　SWOT 分析图元素①

内部优势：产品竞争力优势、资金保障优势、市场位置优势、技术优势，成本优势、广告战略优势、产品服务优势、制造能力优势、用户使用体验优势等因素及产生原因分析。

弱势：产品功能问题、管理水平低、使用上有困扰产品服务差、成本高、等因素及产生原因分析。

外界机会：社会、经济、政策、竞争者的有利影响以及消费趋势、市场需求大等因素及产生原因分析。

挑战：竞争者多、市场发展缓慢、购买者需求变化以及社会、经济、政策、竞争者的不利影响等因素及产生原因分析。

## 三、用户群体画像分析

### （一）服务设计中的人物角色概念

角色原指戏剧舞台上的特定人物，该词的学术研究最早来自社会学家格奥

① 袁牧，张晓光，杨明 .SWOT 分析在城市战略规划中的应用和创新 [J]. 城市规划，2007，31（4）：55.

尔格·西美尔（Georg Simmel）《论表演哲学》，角色理论是一种情境式观察和分析方法，能较好地解释与人相关的态度、行为、心理现象，被广泛引入相关学科。如社会学中引入角色概念研究人与社会关系问题，探讨角色认知、角色期待等社会行为和心理活动，如彼德尔（B.J.Biddle）认为角色概念是指人的行为特点，代表了某种社会行为模式、规范和人际关系。拉里·康斯坦丁（Larry Constantine）认为"从广义上讲，用户角色被定义为典型用户需求的集合，包括需要、兴趣及期望和行为模式"①。1983年，阿兰·库珀（Alan Cooper）在软件开发项目中以一名事先访谈的用户为人物原型，以其用户角色思维成功设计了软件功能和界面。这促使他认识到了用户参与设计的重要性，进而产生了规范化建立人物角色的想法和软件开发的人物角色设计方法。1999年，库珀出版了 *The Inmates are Running the Asylum*，国内翻译本为《软件创新之路——冲破高技术营造的牢笼》，提出"人物角色"设计工具，指出："虚构出潜在用户并为他们设计产品，这些潜在用户称为角色，以角色指代具体个人，一个完整的用户角色是交互设计的有效工具和目标导向设计的基石。"②

设计中的人物角色指详细调研数据加工提炼出的典型用户原型，能基本代表一类人群的使用行为、态度、目标及动机因素等共有行为模式。人物角色建立在用户数据收集和定性定量分析的基础上，建立人物角色能够帮助用户研究者理解服务对象需求、目标和动机。在设计过程中会借鉴民族学、符号学、人机学、历史学、社会学、心理学等学科"人"的研究方法，如深度访谈、观察调研、实验调查、用户可用性测试等获取用户数据，如表3–2–1所示。因此，人物角色既是虚拟人物，也有真实来源，是某一类真实用户相似特征的集合，甚至会给出名字年龄、职业等，也有人将人物角色理解为用户画像。创建人物角色的意图是引导团队聚焦典型用户，减少设计师主观臆测。要注意的是，人物角色不是绝对度量，它主要作为方案决策、概念设计、创意沟通的用户可视化理解工具，设计研究者可以根据需要设置不同的虚拟角色来代表服务、产品、品牌等用户形象。

① PRUITT J，ADLIN T.The Persona Lifecycle：Keeping People in Mind Throughout Product Design[M]. San Francisco：Morgan Kaufmann，2006：512.

② 艾伦·库珀．软件创新之路：冲破高技术营造的牢笼 [M]．刘瑞挺，刘强，程岩，译．北京：电子工业出版社，2001：130.

**表 3-2-1　设计的用户研究方法**

| 方法 | 成本 | 数据分析 | 使用阶段 |
|---|---|---|---|
| 竞品分析 | 中 | 定量分析／定性分析 | 需求阶段 |
| 焦点小组 | 高 | 定性分析 | 需求阶段 |
| 田野调查 | 较高 | 定性分析 | 需求阶段 |
| 纸面原型 | 中 | 定量分析／定性分析 | 概念设计 |
| 卡片分类 | 高 | 定量分析 | 概念设计 |
| 用户测试 | 中 | 定量分析／定性分析 | 方案评估与迭代 |
| 问卷调查 | 低 | 定量分析 | 方案评估与迭代 |
| 调查访谈 | 较高 | 定性分析 | 方案评估与迭代 |
| 日志分析 | 低 | 定量分析 | 方案评估与迭代 |

注：定量分析指依据大量统计数据分析；定性分析指依感官判断、经验等分析。

### （二）用户画像构建

人物角色构建基于不同项目需要会有所差异，至今并没有统一标准，不少设计研究者都提出过自己的人物角色构建方式，如 Lene Nielsen 在 *Personas：User Focused Design* 中提出的人物角色法以及艾伦·库珀七步人物角色法（图 3-2-3），即发现用户（谁是用户、有多少）、建立假设（用户群体内部是否存在差异）、调研（收集用户群体的相关特征，如人口学特征、消费特征、兴趣特征及社会特征等）、发现共同模式（是否抓住重要的标签、是否有更多的用户群、是否同等重要）、构造虚构角色（根据用户在标签上的差异将用户划分成细分群体）、定义场景（需求适应的场景）、复核与买进（对群体划分进行验证）、知识的散布（如何与企业内部同事共享人物角色）、创建剧情和持续的发展（是否有新的信息改变角色）。

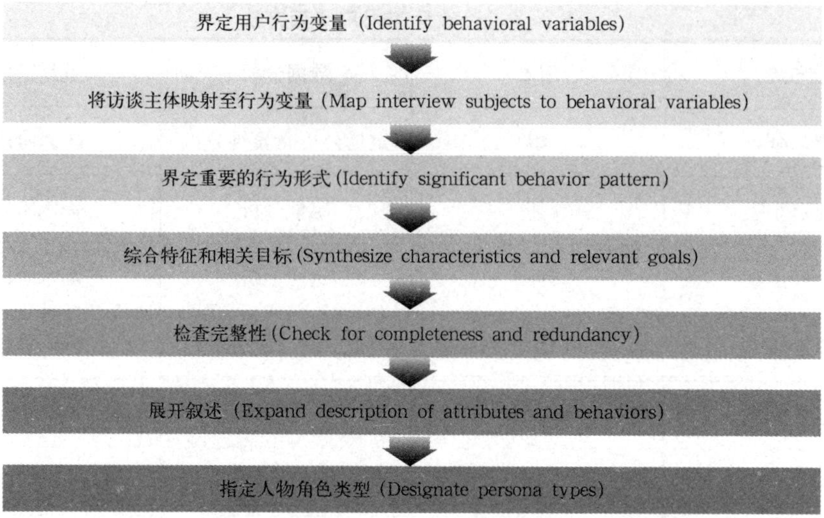


**图 3–2–3　艾伦・库珀七步人物角色法**[①]

综上所述，人物角色模型构建始于数据收集和统计分析，虚构一个身份信息完整的典型用户，其构建内容包括以下 6 个方面。

（1）基本信息：主要是人口属性特征，如姓名、照片、性别、年龄、学历、职业、收入等。

（2）用户背景：生活工作环境描述。

（3）性格特点：性格、兴趣喜好、消费。

（4）个人经验：使用态度、观点。

（5）用户目标：期望、动机。

（6）使用情境：为什么使用、如何使用、使用困难、交互过程。

例如，随着智能手机普及和快速更新，手机功能越来越电脑化，屏幕越来越大，玻璃机身设计成为主流，手机材料抗摔性较弱，很多人都遇到过屏幕破裂问题，但换屏既费用不菲也费时费力。当前市面上换屏幕方式有官方手机维修店、非官方维修店、电商维修同城上门维修、自己购买配件维修等，无论哪种方式都存在痛点。在调研分析中基于用户背景资料建立用户画像，可以有助于寻找维修难点和设计新的维修服务，图 3–2–4 为用户背景资料。

① 艾伦・库珀，罗伯特，雷曼．软件观念革命：交互设计精髓[M]. 詹剑锋，张知非，译．北京：电子工业出版社，2005：73.

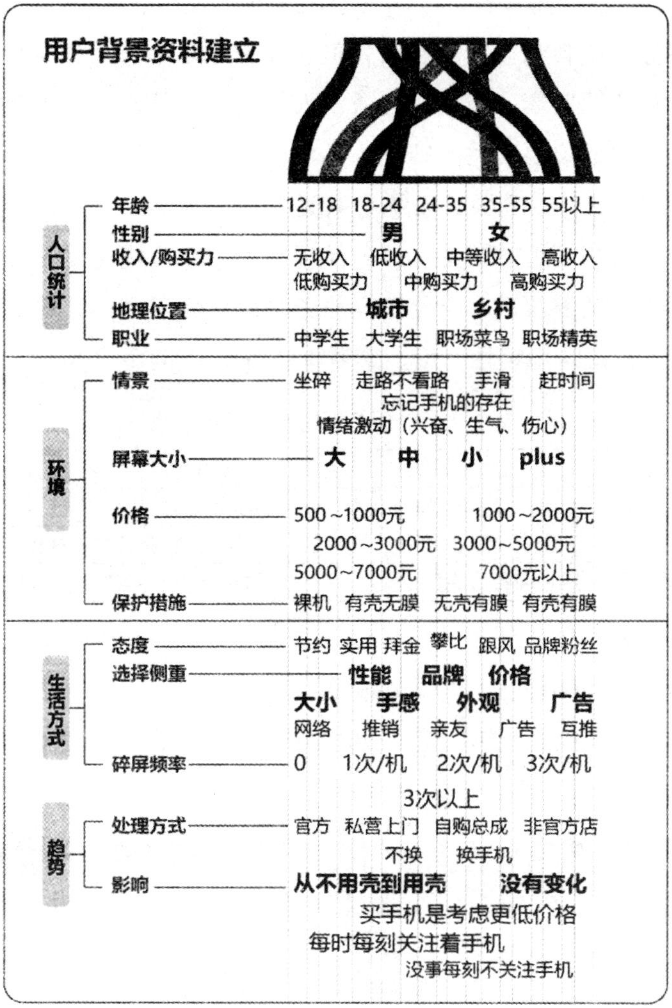


图 3–2–4 用户背景资料建立图

## 四、人物关系分析工具——服务系统图

设计研究边界日趋复杂，虽然利益相关者可以帮助服务设计师较为系统地注意人的影响因素，但不同的利益涉及相关者之间不同的具体关系还需要借助服务系统图。“服务系统图能够以图示形式来准确、清晰完整地处理与反映系统状态（利益相关者的组织关系与服务策略）。与服务蓝图相比，它侧重展现设计导向的

场景（即利益相关者之间具有可行性的潜在服务场景）。”[1] 服务系统图从全局关系描绘了产品服务系统各利益相关者所处位置及资源要素流动关系。通过将主、次要利益相关者及资源要素（环境、物质、人、信息）关系进行梳理，以直观图示语言进行描述，将抽象要素关系转化为具象清晰的图示符号服务场景，以辅助设计师、相关研究者整体审视服务系统生态关系。

服务系统图对相关者的活动、服务流程、关系以可视化元素表达，运用图例划分资源要素主、次要流动，以此建立服务系统框架互动关系图，帮助设计研究者逻辑梳理和进行团队策略性对话。其基本特征如表 3–2–2 所示。

**表 3–2–2　服务系统图的基本特征**

| | | | |
|---|---|---|---|
| 服务系统图特征 | 图形 | 可视化图示 | 使用规范、具象与可视化元素 |
| | 信息流 | 资源要素流向 | 利益相关者间的资源连接、交互关系 |
| | 服务流程 | 产品服务过程 | 完整服务传递过程观看 |
| | 服务概念 | 服务方案评价 | 审视资源流动中的问题、不同研究者的沟通手段 |

常见的服务系统图多使用“引导线”表达信息流（Information flow）物质流（Material flow）和信息流（Financial flow）的系统运行。各利益相关者也使用图标表达，基本模式比较固定，如图 3–2–5 所示。

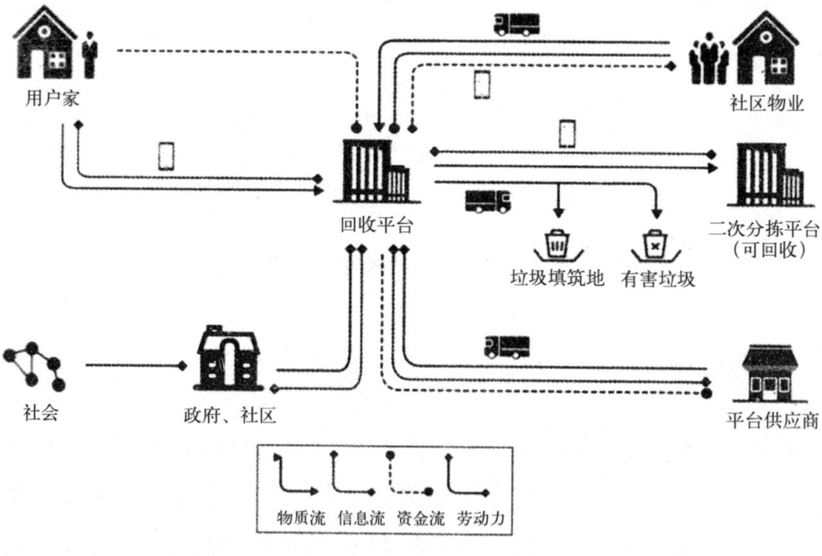


**图 3–2–5　服务系统图基本样式**

① 姜颖．服务设计系统图的演变与设计原则探究[J]. 装饰，2017（06）：79–81.

以社区闲置物处理平台服务设计为例，随着人们物质生活的丰富，每家每户都有很多废旧物品难以处理，这些闲置物品是一种资源浪费，市面上已有的废旧物回收和处理方式都难以同时满足用户、回收企业、垃圾处理公司的共同需求，还会影响废旧物的处理。图 3–2–6 是基于现有问题提出的“社区闲置物共享平台”服务设计方案，通过梳理用户、社区服务人员、合作商家相互关系，设想了相互间的资源要素流动，从而推进可持续方案的产生。

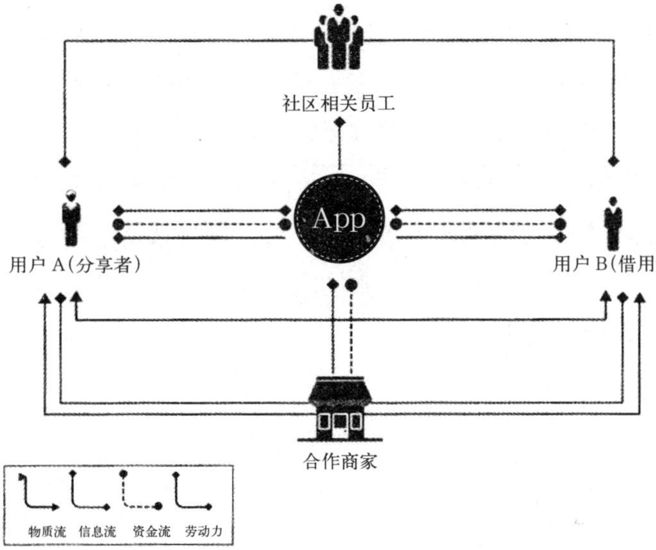


图 3–2–6　社区闲置物处理平台服务系统图

## 第三节　服务原型构建工具

### 一、服务体验流程表达——用户故事板

故事板最早源于影视业，是安排电影拍摄程序的记事板，在影片拍摄前用图形方式展示各镜头及相互间的关系。为便于导演、制片、场景、原画师等分工合作者交流讨论，采用故事板形式建立清晰、统一的方案草图。在设计领域，设计

故事板充当视觉化设计文档，“设计文档起到电影剧本和拍摄细节计划书的作用，使每个人都清楚它会怎样进行”①。

用户故事板常被应用在概念设计中，简化的视觉化的用户旅程地图由一系列图片和语言组成，以视觉方式讲故事。将服务体验流程用情境故事方式展现出来，基本元素包括用户、情境及交互行为，能直观呈现设计在应用情境中的使用过程，帮助设计师和相关人员理解产品和服务如何改善用户需求。

设计师站在用户视角模拟体验情境，包括使用环境、物品样式、产品功能等，按时间顺序描绘和提取不同场景使用镜头，进而分析“人—环境—物—活动”互动关系，评判设计方案，挖掘用户潜在需求。故事板有助于看图者很容易通过代入角色或者视觉化情景理解交互体验并于设计团队内部建立一个理解和沟通的信息可视基础，其作用如图 3–3–1 所示。观看者可以把自己的经历反映在故事板上，这种有目的的观察方式支持设计分析、有针对性地挑选交互服务内容和获得与时间发展有关的想法。由于故事板记录和描述了很多行为承接关系，使得设计小组内部得以回想、探讨和确定主题。

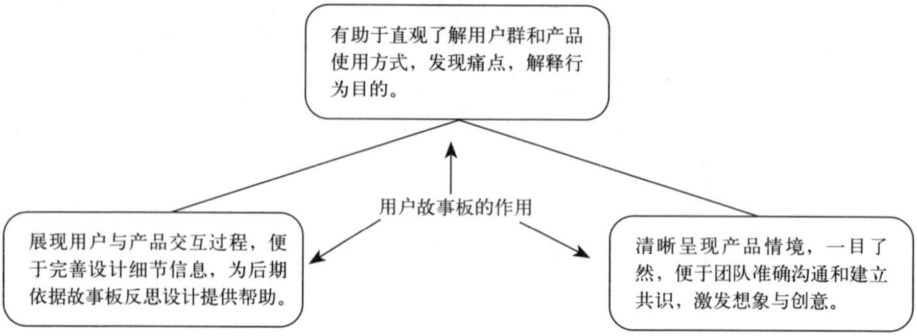


**图 3–3–1　用户故事板的作用**

绘制故事板不需要高水平绘画基础，不用展现产品具体服务接触细节，只需要直观展现核心服务流程与基本意图即可，可以用黑白剪影图形、卡通形象、手绘草图等多种形式，直观、清楚就好，如图 3–3–2 和图 3–3–3 所示。

① 艾伦·库珀．软件创新之路：冲破高技术营造的牢笼 [M]．刘瑞挺，刘强，程岩，等．北京：电子工业出版社，2001：238.

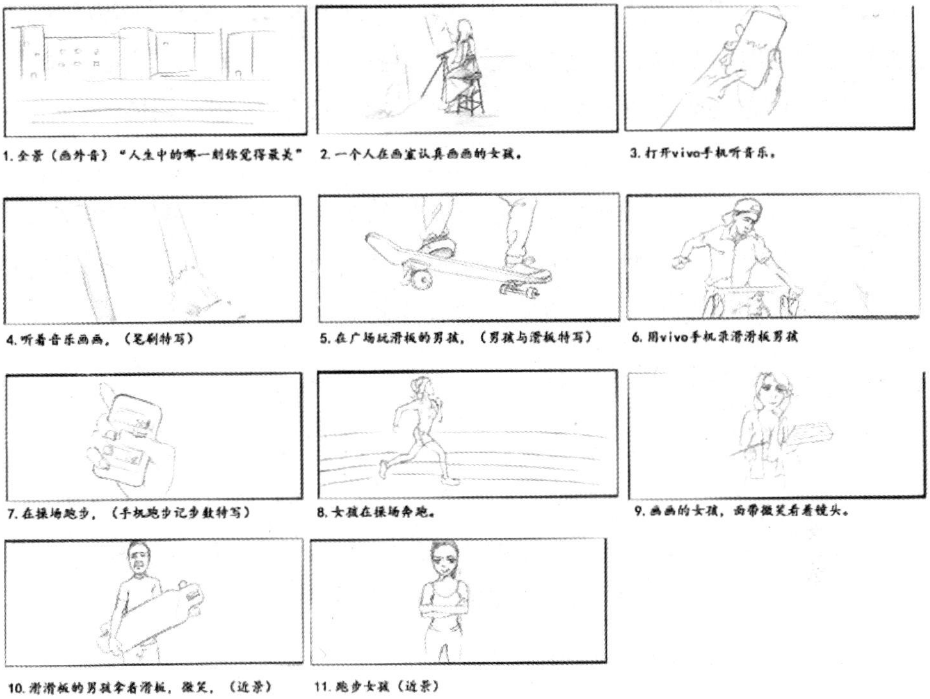


图 3–3–2　故事板（1）

图 3–3–3　故事板（2）

故事板表现形式可以是比较粗糙的图文结合，但版面应安排得空旷些，便于在方案讨论中随时添加内容。这个阶段的故事板有利于设计者将情境、气氛、感觉、行为交互和相关因素与产品使用相联系，以可视化形式呈现出来，有利于下一步与典型用户的交流，以获得反馈和补充，同时便于设计小组内部思维发散和探讨。运用故事板法较之常规的文字分析法、观察法等研究方法，更有助于设计者解决阅读文字时易忽略细节的问题。同时，制作故事板结合了资料搜集和思路整理的过程，有助于提高设计分析阶段的讨论效率。

### （一）用户故事板的组成要素

（1）角色：故事板中设定的用户，其行为、期望至关重要。

（2）场景：用户角色的环境（人、物、情境）。

（3）情节：故事的讲述结构，包括故事开头、发展、结局、情节等，应聚焦设计方案是否解决了用户地最终需求或服务问题。

### （二）用户故事板的合理利用

故事板用图文结合的形式来描述一个完整任务或是交互动作的可视化剧本，是用特定脚本和连贯分镜头展示一系列交互动作。故事板多用于突出显示某些关键交互动作，使用户在整个体验过程中的关键任务得以放大和被关注，故事板设计也用于寻找产品服务的用户群。故事板可以根据不同的目标任务选择不同的表现形式，但采用何种形式取决于要构建的故事情节、屏幕任务、线下任务的相关度。如果着重研究线下任务，则故事板中线下场景居多，如果关注屏幕任务则展现界面设计居多。

（1）假设好故事的发生要点、使用情景、用户角色，从事件触发到行为结束编写故事剧本。

（2）分析要表达的故事信息、服务体验、行为层级，以简明扼要地清晰传达为原则，确定故事板的图面数量、人物角色和目标数量。

（3）确定故事行为的时间轴和场景，根据需要添加细节，此过程可采用变换图片尺寸、留白空间、制作基本构图框架、添加辅助文字说明等形式。

（4）将故事板图片按一定行为顺序、视觉表现手法摆放，团队围绕故事行为进行讨论并继续添加细节。

## 二、有利于设计方案快速展现的视频原型

### （一）视频原型的适用设计过程

视频原型是服务设计方案快速展现的方式之一，它将用户与产品交互过程的服务概念用视频模拟演示。设计小组成员扮演服务相关角色，在摄像机前模拟不同场景，以探索设计方案的优缺点，如整体功能、交互方式、使用情境等，让设计团队在概念阶段能获得更真实、直观的可用性反馈，也便于团队成员交流和审查方案细节。视频原型较适合用户视角的服务设计概念分析，通过视频模拟增强设计师发现用户问题的情境感，增加观看者的移情感，也能较好地解释用户如何通过不同触点使用服务。

服务设计的视频原型方法可以使用在以下设计过程中。一是作为创意发散时的辅助工具（头脑风暴）。在设计构思阶段，做个简单演示视频，有助于其他人对概念设计快速准确地形成共同认知。二是帮助设计者梳理服务设计方案。视频原型需要模拟服务过程，有助于梳理服务各界面细节，从实际使用场景思考服务设计目标。三是可以作为设计师与跨专业人员交流的说明书。视频原型比纸面文案和静态图纸方案更加生动，整体表达效果更好，能让团队里不同领域成员理解设计意图，避免信息传递失误。另外，有很多企业也喜欢将设计的视频原型作为好的产品服务阐述形式，应用于项目的对外展示。如光学设备制造商康宁公司“未来生活设想”（A Day Made of Glass）就使用了视频原型，畅想和展示其玻璃产品在未来数字化工作、学习、娱乐服务中的使用情境，帮助人们理解康宁产品的价值，如图 3–3–4 和图 3–3–5 所示。

图 3–3–4　视频原型展示（1）

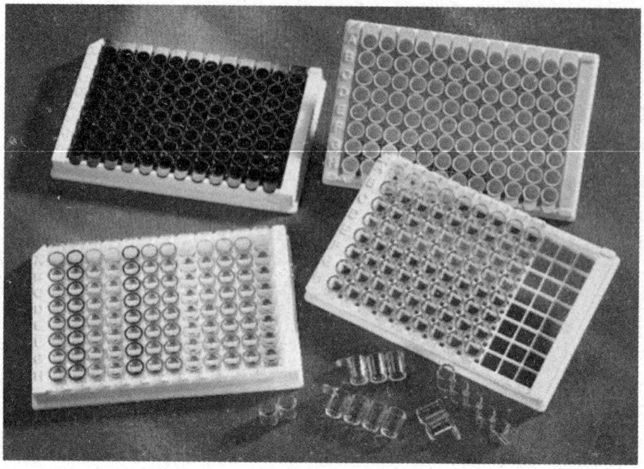

图 3–3–5　视频原型展示（2）

## （二）视频原型的制作流程

一般意义上的视频原型制作要求不高，目的是以故事性表述方式让受众有兴趣、易理解概念方案，拍摄素材不需很精美，设计师首先需要写出拍摄大纲，想好功能使用场景，然后邀请团队成员或用户扮演角色，由专人拍摄原型过程。

首先，设计师依托服务蓝图编写拍摄脚本或画出拍摄故事板，包括解说词、环境配音、服务场景挑选、用户角色数量等。其次，拍摄实物准备和录制，包括人物角色设计、道具和模型，情境空间装扮，道具可以就地寻找纸板、泡沫或者木材等简易材料制作。最后，将拍摄好的视频文件进行剪辑，后期配声音、解说和文字等内容，一般视频原型时长 1～5 分钟即可。

总的来说，视频原型只是一种简易、快速、低成本的设计方案展示工具，视频拍摄和后期处理不必复杂，可以后期添加声音元素，也可以采用无声模式，以减少音频处理工作量，人物角色可以使用服饰道具、文字、旁白介绍等方式标注。

图 3–3–6 是张晋等在服务设计课程中以“老年人健康守护服务”为主题的方案设计探讨，应用了本章节大部分分析工具和方法。随着我国老年社会的到来，养老问题日益突出，养老服务需求不断增加，但养老相关的纠纷和服务模式层出不穷，如儿女不赡养问题、老年人孤单问题、抱团养老、养老院养老等，这些现象问题、模式都可以从服务系统设计视角展开探讨。

图 3–3–6　老年人健康守护服务

# 第四章　视觉工具辅助下的服务设计思维培养

如何进行服务设计？服务设计的流程是怎样的？可以用的工具和方法又有哪些？本章将对服务设计思考方法进行系统梳理，通过视觉工具的辅助作用来进行服务设计方法的指导。

设计思维是一种可以学习的、创造性解决问题的方法论。IDEO 设计公司作为设计思维最早发起的地方，指出设计思维是把创意像公式一样推导出来的方法。设计思维注重过程体验，在进行服务设计思考与方法实践的过程中，可以从设计思维的 5 个步骤入手，以发现痛点并以解决问题为导向，引导设计师用设计思维去思考问题，进行服务与创新设计。设计思维包含 5 个步骤，本章也将按照这 5 个步骤，对部分服务设计思考方法进行介绍。

## 第一节　服务设计思维中的移情思维

100 多年前，福特公司的创始人亨利·福特（Henry Ford）先生到处跑去问客户："您需要一个什么样的交通工具？"几乎所有人的答案都是："我要一匹更快的马。"很多人听到这个答案，立刻跑到马场去选马配种，以满足客户的需求。但是，福特先生却没有立刻往马场跑，而是接着往下问："你为什么需要一匹更快的马？"客户："因为可以跑得更快。"福特："你为什么需要跑得更快？"客户："因为这样我就可以更早地到达目的地。"福特："所以，你要一匹更快的马的真正用意是……"客户："用更短的时间、更快地到达目的地。"于是，福特并没有往马场跑去，而是选择了制造汽车来满足客户的需求。

这个故事说明了福特先生站在用户的角度洞察用户的需求，这种访谈式的用户研究让福特获得了一个重要的信息，那就是客户需要更快地到达目的地。有的人选择提供更快的马给客户，觉得这样可以满足客户需求，而福特则是根据用户研究的结论，透过现象发现本质，从而开发出汽车来满足用户需求。

移情（empathize）的意思是要有同情心、同理心，去当一次客户，体会客户有些什么问题。IDEO 首席执行官布朗指出：“我们思考和用户之间的关系时，不应该是‘我们对他们’，也不是‘我们代表他们’，而应该是’我们同他们一起’。”移情需要设计师想用户之所想，站在用户的角度，体会用户所处的场景，挖掘用户的真实需求，从而找到用户的痛点，发现有效的方案，帮他们解决问题。

移情是用设计思维来思考的第一步，也是建立服务意识的首要条件。通过一系列的方法去洞察用户，感受用户的使用环境，探究用户的使用痛点，寻找用户的设计需求。在移情部分，通常会采用以下四种方法获得用户的一手资料。

## 一、移情思维中的行为观察

### （一）行为观察的定义

观察法是移情的一个重要方法。一般情况下观察法是一种定性研究的方法。可以通过感官或借助仪器，进入用户的工作或者生活环境中，来获得他们自然状态下的工作和生活的相关内容；也可以在实验室条件下，通过用户的行为，观察和分析他们使用产品的情境，提取用户的行为特征。通过观察法可以得到一些用户在访谈中没有说出来或者他们不愿意分享的事实。观察法需要研究人员具有敏锐的洞察力，能够找到观察的重点，并且从这些观察点中整理出有效的信息。

### （二）行为观察的作用

行为观察是获得感性材料的基本方法，它既可以帮助设计师观察到最自然状态下的行为和目标，也可以帮助设计师了解用户潜意识中存在的观点与认知。在被观察者不知情的情况下进行观察往往会获得更加准确与可靠的信息。用户自然而然发生的行为才最能够反映其真实的心理和需求，因此观察能够辅助设计师获得一手的、有效的、真实的信息。

### （三）行为观察的方法

行为观察的主要步骤如下。

1. 确定观察目标

对于观察法，在进行之前首先要明确观察的目标，针对不同的设计任务和课题，其观察的目标也有所差异。所以在观察之前，要做好充分的准备和计划，才能够获得想要的信息。观察的目标一般可以按照以下口诀来安排，即 AEIOU 和 POEMS。这两个都是一些观察目标内容的缩写，在进行初次的观察时，可以从以下几个方面入手。

（1）AEIOU

A：Activities，活动，是指人们做了什么事情、发生了哪些活动。

E：Environment，环境，是指周围的环境，如其位置、光线、噪声等。

I：interaction，交互，指发生了哪些交互行为，如说话、聊天、使用产品、提供服务等。

O：Objects，物品，是指使用了哪些物品，如椅子、投影、键盘。

U：Users，用户，指他们是谁、是以小组存在还是个体存在、扮演着什么角色。

（2）POEMS

P：People，人，指观察对象。

O：Objects，物品，指观察对象使用了哪些物品、与哪些物品产生交互。

E：Environment，环境，指观察区域的环境。

M：Message，消息，指在这个观察区域获得了怎样的信息。

S：Service，服务，指有哪些服务在观察的范围发生。

2. 进行观察前的准备

如果观察目标是某个具体的角色，观察前需要征求用户的同意。要与用户提前约定好时间和地点，也可能是一段时间，用户同意在他们使用产品或者接受服务时在旁边观察，并按照他们日常的行为方式来进行演示，同时可以问他们问题以帮助理解。对于自然观察，观察前要做观察计划，有目的地进行相关内容的采集，提前计划好要从哪些角度观察、在什么时间段观察、观察什么内容。同时准备好搜集观察内容的工具，如相机、记录本、笔等。

3. 观察与记录

在观察过程中，通过视频将用户的举止行为记录下来，也可以通过拍照和文字来记录。适当的时候，还可以让用户用口语报告阐明自己的操作行为。在观察过程中尽量搜集更多、更全面的信息，也包含一些计划外的信息，以方便后续对于观察内容的整理。

4. 数据分析与整理

对获取的视频图像数据或纸面信息进行分析与整理，形成分析报告。在进行观察内容的整理时，可以按照不同的逻辑分类行整理，可以按照时间顺序，如早晨、上午、中午、下午、傍晚等，也可以按照人员类别分类。

### （四）观察法在实际设计中的应用

例如，某杂货品牌在工作模式中，就采用了观察法辅助设计。该杂货品牌设计方案的制订，一方面通过对用户进行研究来设计；另一方面，其也会根据专家讨论，来确定设计趋势和风格。观察法在用户研究方面起着重要的作用。一般来说，商品企划的负责人和设计师会亲自拜访用户，观察商品是如何被用户使用的。该杂货品牌团队都会带着好几个主题拜访这些家庭，如洗脸盆等用水处的状态、寝室的收纳、手表及钥匙的摆放处等，观察物品如何被使用，向主人询问自己所注意到的事情与问题。其观察组成员是由不同领域的工作人员组成的团队，包括家具类、健康美容类家居用品类、文具类、家电类等。如果是由相同领域的人组成的团队，那么大家的关注点和观察认知总会趋同，而不同领域的人组成一个团队，则能够从更为广阔的视角获得观察认知。通过观察法，其前瞻力得以体现，从不同视角观察能够发现不同的问题点。其观察过程如图 4–1–1 所示。此外，在该杂货品牌内部，还会采用补充调查的方法，商品企划总部会安排全国的店长进行观察并收集信息，比如将电源插座的使用情况拍照记录并传送到公司，这样便从又一个角度获得了用户的想法。

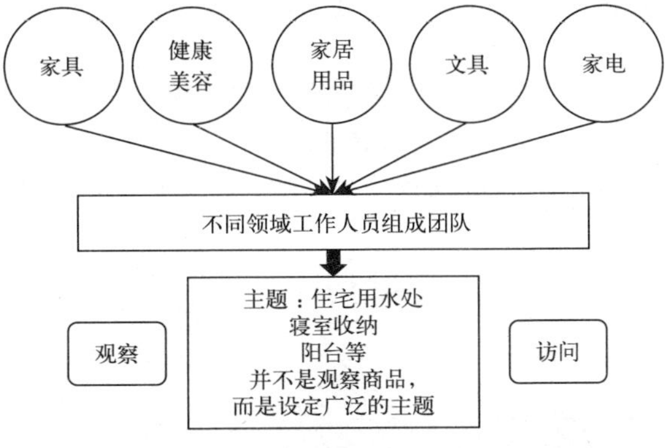


**图 4–1–1　某杂货品牌的观察模式**

### （五）工作坊操作指导

1. 目的

通过实地观察，让观察者掌握观察的基本方法，培养设计敏感性，学会对观察内容的整理。

2. 准备工具

其包括观察计划表、观察记录表、观察内容整理表、便笺纸、笔和相机等。

3. 工作坊操作流程

（1）讲解用户研究中观察的重要性，确定观察内容与目标，制订观察计划（如表 4–1–1）。

表 4–1–1　观察工作坊 1——观察计划表

| 观察计划表 | | | |
|---|---|---|---|
| 序号 | 观察对象 | 观察任务 | 观察目的 |
| 观察记录序号 | 确定要观察的人、物或者环境，如地铁中的老年人、地铁中的座椅 | 确定观察任务有助于全面收集信息，避免遗漏，如观察地铁中老年人使用座椅的方式、观察地铁中的座椅种类 | 明确观察目的，围绕核心主题进行观察，如通过观察老年人在地铁中使用座椅的情况，寻找老年人喜欢的座椅形式 |
| 1 | | | |
| 2 | | | |
| 3 | | | |

（2）实地进行观察内容的收集，可以采用拍照、摄影、记笔记、录音等方式，获取观察内容，并完成观察记录表（如表 4–1–2）。

表 4–1–2　观察工作坊 2——观察记录表

| 观察记录表 | | | | | | | |
|---|---|---|---|---|---|---|---|
| 序号 | 时间地点 | 行为描述 | 环境描述 | 交互情况 | 图片记录 | 观察思考 | 意外发现 |
| 可以与观察计划表对应 | 便于后期根据时间、地点来进行观察内容的整理，从而进行横向比较 | 客观地描述观察对象的行为 | 注意观察环境中的细节 | 便于明确服务中的触点 | 摄影过程不要打扰观察对象的行为 | 及时写下为什么要记录这一行为、当时想到了什么 | 主题之外的意外发现有时也会带给我们真相 |
| 1 | | | | | | | |
| 2 | | | | | | | |
| 3 | | | | | | | |

(3) 将观察到的内容整理并打印出来，按照一定的逻辑顺序（时间或空间等），对所有的观察内容进行排列。将观察内容中有意义的部分用红点标记出来，总结观察结果。如果小组每个成员分别进行观察，则可以将观察结果写在便笺纸上，然后小组成员对收集的结果进行整合。

## 二、移情思维中的日常资料收集

### （一）日常资料收集的定义

日常资料收集，是收集特定类型消费者或利害关系人日常生活资料的一种研究方法。该方法有助于设计者从日常生活的内容中发现观察目标的行为习惯、潜在需求、心理状态等，从而可以建立特定类型消费者每日生活动态的描述，为需求的确定做准备。

### （二）日常资料收集的作用

法国哲学家、社会学家米歇尔·德赛图（Michel de Certeau）在《日常生活实践》（*The practice of everyday life*）一书中指出从日常生活中能够发现社会矛盾、人际关系、行为模式与潜在需求等。日常生活是影响人、塑造人的最基本场所，其在社会学、艺术学、设计学、城市学等多个领域有着重要的地位。在设计领域，它蕴藏着无限的价值，有助于设计师发现设计问题。

通过日常资料收集，观察者可以获得大量被观察对象的信息，这些信息有助于我们理解被观察对象在与服务触点进行交互时，是什么样的生活背景、心理因素导致这样的结果产生，可以帮助设计师获得行为背后隐藏的动机。日常资料收集是辅助设计师了解服务互动之外的生活脉络的过程。服务设计的整体性原则强调，服务设计关注的不仅仅是点，而是一个全链路的过程，因此对于服务设计对象产生某一想法的原因，设计师也无法单纯地只关注触点发生的位置，而应该进行延伸性的观察与研究。

### （三）日常资料收集的要点

日常资料收集需要观察者进行充分的准备，因为往往观察会持续一段时间，这样才能全面获得所需要的资料。

（1）在观察前，确定要记录的重点与目标，明确为什么要采用日常资料收集这个方法，明确应该过这个方法获得哪些有效信息，这样才能在收集信息的过程中保持高度的敏感性。

（2）在观察过程中，可以与用户交谈，获得用户的所思所想，这些所思所想可能是服务之外的，但这些服务之外的信息往往有助于找到忽视的点，挖掘背景信息。

（3）进行信息的整理。信息的整理可以通过字记录、连环画、图像、视频等方式，也可以多种方式一起整合，互相补充。一般来说，可以按照时间顺序来整理日常资料收集的内容，如请参与者将前一周中某天的个人作息详细地记录下来。

### （四）日常资料收集的实际应用

在何志森的文章《一个月里我跟踪了108个居民，发现一件特别好玩的事，80%的人手里都拿着一个尿壶》中提到了一个工作坊，即跟踪卖糖葫芦的阿姨的一天，通过跟踪卖糖葫芦的阿姨，学生用同理心发现了阿姨的需求与痛点，为卖糖葫芦的阿姨提供了解决问题的设计方案。跟踪路卖糖葫芦的阿姨，观察她所接触到的人、遇到的事，发现她会被城管追踪（图4–1–2）。根据她会被跟踪这一问题，为其设计了几条最佳的逃跑路线。同样，以同理心跟踪卖糖葫芦的阿姨，当置于该角色中，会发现其没有办法扛着糖葫芦棍上厕所，因此进行了糖葫芦车的设计。

图4–1–2 跟踪拍摄卖糖葫芦阿姨的一天

当设计师没有从同理心的角度去进行设计时，就会设计出用户不满意的产品。例如，一个法国建筑师去非洲一路看见非洲妇女用最原始的方式把水背回家，他特别难受。所以去了村子之后就跟村长说，我要帮你们每家每户都设计一个水龙头，让你们在家里就可以洗东西。第二天非洲妇女就上大街游行，反对这个决定原因是，在非洲，大部分妇女在家里的角色就是做饭、打扫卫生、照顾孩子，几乎没有交流的权利。这些妇女所有的日常交流、情感倾诉、对男人的不满、八卦，全都是在水井旁边发生（图 4–1–3）。这是她们唯一的情感空间、交流空间，如果这个空间被剥夺了，那么她们的生活肯定就会跟原来不一样。

**图 4–1–3　非洲村民打水场景**

## （五）工作坊操作指导

1. 目的

通过日常资料收集，观察者会对被观察对象有一个全面深刻的了解，从而理解其产生某种想法和行为的根本原因。

2. 准备工具

其包括相机、摄像机、笔、记录笔记、日常生活记录表。

3. 工作坊操作步骤

（1）确定观察对象与观察目标。

（2）可采用被告知观察与非被告知观察。被告知观察需要获得观察者的同意，从而进入观察者生活的区域进行内容采集。非被告知观察即跟踪观察，可以在观察者未知的情况下，在其行为自然的情况下获取资料。

（3）准备观察记录表与观察记录本，制订观察计划。

（4）实施观察，进行记录。记录内容可以根据观察任务和目的来进行设置。

（5）对记录内容进行归纳、整理，参照观察工作坊（如表 4–1–3）。

**表 4–1–3　日常资料收集工作坊 1——日常生活的一天记录表**

| 日常资料收集 | | | | |
|---|---|---|---|---|
| 时间 | 行为记录 | 交互场景 | 图片记录 | 备注 |
| 6：00AM | | | | |
| 7：00AM | | | | |
| 8：00AM | | | | |
| 9：00AM | | | | |
| 10：00AM | | | | |
| 11：00AM | | | | |
| 12：00AM | | | | |
| 1：00PM | | | | |
| 2：00PM | | | | |
| 3：00PM | | | | |
| 4：00PM | | | | |
| 5：00PM | | | | |
| 6：00PM | | | | |
| 7：00PM | | | | |

## 三、移情思维中的文化探测

### （一）文化探测的定义

文化探测是一种极富启发性的设计工具，它能根据目标用户自行记录的信息来了解用户。研究者向用户提供一个包含各种探测工具的包裹，帮助用户记录日常生活中产品和服务的使用体验。

### （二）文化探测的作用

探测工具能够帮助设计师潜入难以直接观察的使用环境，并捕捉目标用户真实可触的生活场景。文化探测可以使设计师取得最深入的洞察资讯，即使不在场也能够获得资讯，有效解决文化边界的问题，将更多不同的人与观点带入设计流程之中。设计人员感同身受地洞察结果，也能够让他们建立起同理心。

### （三）文化探测的方法

文化探测可以采用不同的方式执行，如写日记、相机拍摄、脚本演出等。采用写日记的方式需要向被观测者提供一本架构完整的笔记本，从而引导被观测者记录对设计人员有价值的信息，这对之后的资料分析有很大的帮助。采用相机拍摄的方式，可以请参与者制作个人服务经验的影像记录，在视频采集的同时，辅助文字、语音记录，及时提出对这些服务的评价，从而获得被观测者当时的真实想法。采用脚本演出的方式，可以将之前的记录信息制作成脚本，让被观测者按照简单的脚本进行演出，在排练、演戏、看戏的过程中进行交流和互动，获得无法洞察到的细节资料。对于文化探测的使用，可以将不同方法互相结合。研究人员可以给被观测者发放文化观测包，包中可以放入便利贴、生活日记本、摄影相机等。

文化探测在前期需要做充足的准备，在开始后也可以进行一定的干预。在文化探测进行的过程中，仍然可以由研究者在远端操控执行的方向，在科技高度发达的时代，可以通过邮件、视频等方式发放指令，从而有效地监测文化探测的效果与质量。成功的文化探测，不依赖一开始的设计，还必须透过持续监控洞察情况才能达成，设计师可以根据探测的情况随时进行计划的调整。

### （四）文化探测法的实际应用

对于香港人的生活状态以及对空间的需求，可以采文化探测工具来获取。香港普通市民居住的空间都非常狭小，去他们居住的环境进行观察会有不便，从而无法获得自然状态下的行为信息。对此，可以通过让生活在香港的人对自我生活进行记录（如图 4–1–4），从而更深刻地了解香港人在忙碌了一天后回到狭小的公寓有何需求。

图 4–1–4　港漂的日常生活记录

水泥管公寓的设计（图 4–1–5）让许多香港奋斗的年轻人有了“家”。

图 4–1–5　水泥管公寓

## （五）工作坊操作指导

1．目的

通过文化探测方法，在不打扰当事人的情况下，获得深入的洞察资讯。

2．准备工具

文化探测材料包，包含日记本、声音图像记录设备等能够对他们日常生活方式进行表达的工具。设计好有完整架构的笔记本，以便于参与者有依据地进行长期记录，也有助于后期资料的整理。便利贴有助于提醒人们将每天的活动与想法记录下来。在问题卡片上写明一些问题，有助于引导用户进行记录。

3．工作坊操作步骤

（1）确定观察对象与观察目标。

（2）给参与者讲解记录内容，并发放材料包。

材料包具体内容可根据实际问题来确定。

（3）定期收集材料。

（4）材料整理，参照观察工作坊（如表 4–1–4）

表 4–1–4　文化探测工作坊——问题卡片

| | |
|---|---|
| 问题记录： | 问题记录： |
| 问题记录： | 问题记录： |

## 四、移情思维中的用户访谈

### （一）访谈法的定义

访谈法是指通过与目标用户面对面地交谈来了解用户的心理和行为的心理学基本研究方法。在了解人的思想、观点、意见、动机、态度等心态时，可以通过访谈得到真切资料。用户访谈有明确的目的，是求访者有意安排的谈话，交谈的内容和方式方法都是求访者在交谈前就计划好的。作为典型的定性研究的一种方法，用户访谈能够深入地洞察受访者的真实想法，挖掘信息。

注：访谈法可以应用在设计思维的不同阶段，本书在移情部分介绍。

### （二）访谈法的作用

访谈法具有较好的灵活性和适应性。访谈目标用户可根据需求的不同而灵活调整，既可进行事实的调查，也可进行意见的征询，还可对新功能进行目标用户的内部测试。

访谈可以是在办公室等环境中进行，也可以在服务发生的情境中进行。情境访谈是指在服务过程发生的环境或情境中进行访谈的工作，这种研究能让访谈人员在观察的同时，彻底调查想要研究的特定行为。在服务流程一般发生的地方进行讨论，通常要比在办公室里进行对谈来得轻松、容易得多。

情景访谈最主要的功能，在于能帮助受访者陈述出一些特定的细节，而这些细节正是在传统焦点团体访谈中容易被忽略的部分。多数人在熟悉的环境中，能比较轻松地说出个人思想与行为的真实意义，而这些洞察透过访谈者的观察，还能进一步确认那些人们没有说出来的部分，其实与他们主动提出的部分是一样重要的。然而消费者洞察不限于针对受访者，情景访谈让研究人员也能深入了解服务项目的整体环境因素，有助于进一步对服务有更完整的了解，这是传统访谈法很难达到的境界。

### （三）访谈法的步骤

（1）撰写访谈提纲，确定访谈形式。访谈的对象可以是消费者、员工或任何与服务相关的利害关系人。在进行访谈前，要撰写访谈提纲。访谈提纲包含访谈背景、访谈对象、访问目标和访谈主题等。其中，访谈主题可以包含用户的背景、相关的心理需求以及对现有服务、产品的使用情况，如对现有产品、服务的使用评价、功能、期望、不满等。

（2）确定访谈环境。让用户处于熟悉的环境，而不是观察者觉得放松的环境，在用户熟悉的环境中，观察者能得到用户更真实的想法。例如，被访谈者是社区阿姨，那么在社区的活动室这一她们悉的场所进行访谈会更好，而咖啡厅这样的场可能反而会让她们觉得拘束。对于情景访谈，访谈者在服务发生的环境中与被访谈者进行即可。

（3）执行访谈。在执行访谈的过程中，访谈容通常会以录音、拍照等方式被记录下来，有时也会用视频的方式记录更丰富的访谈信息，作为服务提供者与整个项目团队的参考资料。

（4）得出访谈结论。访谈过程中访谈对象会提出自己的描述和建议，在得出访谈结论时应该站被访谈者的角度去思考其描述和建议背后的诉求，但也不能只是简单地按照用户的描述和建议去改进产品。

**（四）用户访谈的分类**

访谈可以按照操作方式和内容分类，也可以照是否与被访问者接触分类，还可以按照访谈对分类，如图 4–1–6 所示。

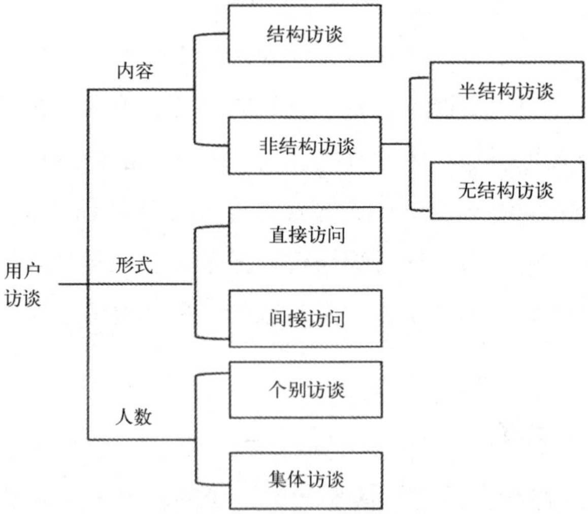


**图 4–1–6　访谈的分类**

1. 标准化访谈

标准化访谈，在技术上是访谈与问卷法的结合。主要特点：访谈者必须事先设计好标准化问卷和访问调查表，访谈过程缺乏灵活性；使用工具包括结构式问卷、带卡片的调查表和标准化的访谈员手册；采用单向交谈方式。

2. 非结构式访谈

非结构式访谈又称非标准化访谈、深度访谈、自由访谈。按照自由度的不同，可分为半结构式和完全无结构式。

（1）半结构访谈。有一个事先设定的包含调查内容范围、提问方向和主要问题的调查提纲，在自由交谈中，边谈边形成问题。除了少数问题可作事先的封闭式答案选择，大部分问题都是开放性的，并且允许被访者有超出预想范围的回答。提问方式较灵活，问题可增减，可针对不同对象提出不同的问题，刺激其深入思考。

（2）无结构访谈。仅确定一个资料收集的主题或题目，访谈者和被访者都可充分、自由、不受限制地进行交谈。访谈人员要有较高的访谈技术，边谈边提问题，事后记录。

3. 直接访谈

直接访谈指访问者与被访问者进行面对面的访谈。

4. 间接访谈

简介访谈指访谈者通过电话、计算机、书面问卷等中介工具对被访问者进行的访谈。

5. 个别访谈

个别访谈，指调查员单独与被调查对象进行的访谈活动。

6. 集体访谈

将若干访谈对象召集在一起同时进行访谈（焦点小组）。

### （五）访谈法的目的与过程

集体访谈，指访谈阶段主要目的是从用户的经验和认知中获得有价值的问题，访谈的过程如图 4-1-7 所示。

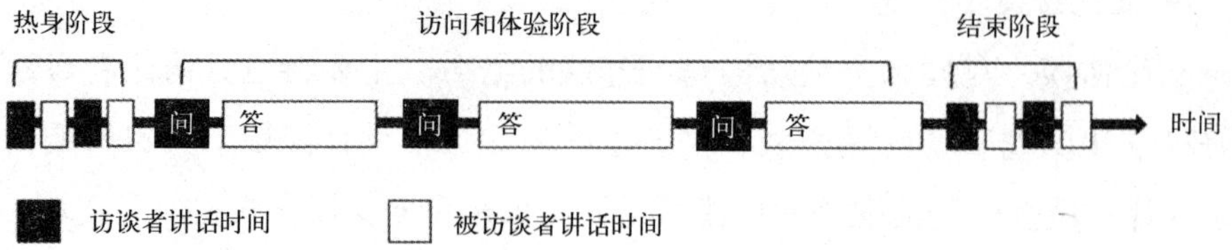


**图 4–1–7　访谈的过程**

访谈分为三个阶段，即热身阶段、访谈和体验阶段、结束阶段。在热身阶段，首先，要为被访谈者建立友好、轻松的访谈环境，这样才能获得真实有效的访谈结果。在热身阶段，主持人可以和被访谈者一来一往地交谈，有所互动。其次，在热身结束后，进入正式的访谈环节，此时应该避免采访人言论过多，访谈需要从被访谈者的言论中挖掘有效信息，因此二者的比例应该在被访谈者的说话时间上有所侧重。经过一段时间的访谈后，如果是情境访谈，可以在特定的体验环境下进行访问，有助于引导被访谈者获得体验过程的想法。最后，在结束阶段，采用有来有往的互动模式能够给人以礼貌和被尊重的感受。

### （六）访谈过程中的要点

1. 避免太过冗长的问题

问题不要用太长并且难懂的句子。太长的问题容易让用户走神，甚至让访问者自己走神，在理解不了之后用户便会放弃倾听，而访谈者在组织语言并帮助用户解释问题之后，通常也没有办法快速回到问题本身。

2. 避免引导用户

访谈者要避免在访谈时引导用户得出答案，引导用户往往会得到自己倾向的答案，但是这种答案并不客观。同时，带有一定的主观倾向去进行访问的时候，往往会忽略一些有价值的信息。甚至有的时候，用户表现出的答案与预期相反，很快会为之找到理由：用户并不是非常了解产品。需要注意的是，用户的回答并不等于用户的需求，很多看似无用或者不符合“常识”的回答中含很重要的信息，而在短暂的访谈中，并不会被立即发现。

3. 慎做“鼓励”

访谈者对用户进行鼓励要慎重，虽然用户在受到鼓励的时候会被激发得健谈，但是鼓励本身也是一个倾向性的引导。比如用户在小心翼翼提出一个问题后，访谈者点头表示赞许，这本身暗示着他需要通过访谈者“表态”来回答问题，这很容易造成用户顺着访谈者的意愿答题。访谈者可以表现出对用户的问题点很有兴趣，希望他说下去，这种鼓励的方式比带有认同性的鼓励要中肯很多。

4. 不要把用户当作设计师

在访谈时，避免用这样的问题：您对我们的 XXX 有什么建议没有？或者如果你来设计 XXX 你会怎么做……希望用户提供有效的建议，这种问题过于直接，不利于发现隐藏在事物表面的本质问题。

## 第二节　服务设计思维中的定义思维

在服务设计前期，即定义问题的阶段，是服务设计能够顺利开展的基本阶段。定义即明确问题是什么，在该阶段需要把在同理心阶段创建和收集的信息集中在一起，分析观察结果并进行合成，将问题定义为一个问题陈述。

### 一、设计的目标用户模型

#### （一）用户角色的定义

当讨论产品、需求、场景、用户体验的时候，究竟是围绕谁在讨论？用户角色应运而生。用户角色这一概念是由阿兰·库珀提出的，是真实用户的虚拟代表，是建立在一系列真实数据之上的目标用户模型。通过用户调研去了解用户，根据他们目标、行为和观点的差异，将他们分为不同的类型，结合用户的特征列表和照片场景描述等，构建成一个人物原型。

在开发设计中，关注用户角色比关注每个用户要容易得多。用户角色是用户属性的集合，不是具体的某个人。一件产品通常会有若干个不同的用户群体，而每个用户群通常都会对应一个不同的用户角色，一般会设置 3～4 个用户角色，也是通常意义上的目标用户群体。用户角色有典型用户、次要用户、补充用户和非目标用户。

用户角色（PERSONA）的含义如下。

P：Primary research，基本性，指该用户是否基于对真实用户的情景访谈。

E：Empathy，移情性，该用户角色要能引同理心。

R：Realistic，真实性，用户角色是否看起来像真实人物。

S：Singular，独特性，每个用户是否为独特的，彼此很少有相似性。

O：Objectives，目标性，该用户角色是否包含与产品相关的高层次目标。

N：Number，数量，用户角色的数量不要过多。一个产品，一般最多满足 3 个角色需求。

A：Applicable，应用性，设计团队是否能使用用户角色作为一种工具进行设计决策。

### （二）用户角色的作用

人物角色并不是“平均用户”，也不是“用户平均”，设计团队应该关注的是“典型用户”或是“用户典型”。创建用户角色有以下 5 点作用。

1. 带来专注

用户角色的第一信条是“不可能建立一个适合所有人的网站”。成功的商业模式通常只针对特定的群体。在产品早期和发展期，会较多地借助用户画像，产品设计从为所有人做产品变成为固定的用户角色做产品，从而帮助产品设计人员理解用户的需求、想象用户使用的场景，降低复杂度。

2. 引起共鸣

通过建立用户角色，设计人员能够感同身受，进行移情理解，这是产品设计的秘诀之一。

3. 促成意见统一

帮助团队内部确立目标，明确是为哪个用户角色在做设计。一套深思熟虑的用户角色能够帮助设计团队理解为什么开发产品或服务、开发什么样的产品或服务以及人们为什么会使用。

4. 创造效率

让每个人都优先考虑有关用户角色的需求。确保从开始就是正确的。

5. 衡量工具

用户角色可以帮助设计团队做测试，可以让招募可用性测试的参与者更简单，只需要找到用户角色所代表的用户群的样本即可。

### （三）用户角色绘制的步骤

（1）制订计划。制订计划是创建用户角色的第一步，需要花费一定的时间。

（2）数据收集。用户真实数据有定性和定量两种。对于定性数据可以通过观察法、访谈法、焦点小组、问卷调查、情景分析、可用性测试等方法，收集用户的内在需求、行为习惯、工作环境等；定量数据是指已有的产品数据，如用户人口统计属性、社会属性、消费特征、产品使用数据等。

收集目前了解的用户信息内容，并将这一阶段的发现分组排列在电子表格中。可以列一些名称，如行业、使用设备、收入、目标等，也可以通过便利贴来组织目前的发现，并找到其内在的联系。通过这一过程，可能会有一定的发现即目标用户的工作行业、使用的设备、一天中的行动、喜好等，会有一些共同点或者不同之处，在这里可以形成有关用户的一些问题。例如，早教中心可以在其系统中找到其用户的登记资料，从而汇总这些用户的年龄、学历、收入情况、工作等。利用内部研究获取的结果，找到组成这些集群的人，如幼儿早教中心的家长是一群受过高等教育且有稳定收入的年轻人。可以从现有的用户数据库中招募他们并与他们交谈，这是一个双赢的局面，一方面，设计师可以向用户学习；另一方面，用户也能够直接找到他们所使用产品的幕后策划者。如果能面对面交谈是理想的选择，也可以使用视频聊天。在访谈中观察和捕捉的信息越多，建立起来的用户角色的个性就越真实。

（3）列举用户特征。角色建立必须马上开始，最好在一天内完成，这样参与者才能沉浸在信息中并建立一致的模型。招募代表用户，给每个用户一些记事贴，让他们写出自己的一些特点。

## 二、设计的用户服务场景

### （一）用户服务场景描述的定义

场景描述法也被称为情景故事法。或使用情景法场景描述以故事的形式讲述了目标用户在特定环境中的情形，对服务场景进行还原与重现。场景描述可以应用在不同的阶段，可以在设计流程的早期用于指定用户与产品（或服务）交互方式的标准，也可以在之后的流程中用于启发新的创意。场景描述可以采用不同的表现形式，如书籍、漫画、影视与广告等。从最基本的文字描述，到视觉效果丰富的照片连接；从阅读性强的手绘故事板，到观看体验佳的视频制作及现场表演。无论是二维表现还是三维表现，只要是以传递信息为基本目的，不同的讲故事方法都可以作为场景描述的手段。

注：场景描述这一方法可以应用在设计的不同阶段，本书放在定义阶段讲解。

### （二）用户服务场景描述的作用

对于设计而言，场景描述最大的优点是能够将使用情境嵌入产品的表现中。在使用情境中，参与者能够判断产品适合谁、应用在什么地方、产品的使用目的以及产品的功能如何。场景能够实现任何水平的交互，从产品的特定功能交互到社会文化情境中人的交互。

### （三）用户服务场景描述的步骤

（1）确定场景描述的角色和性质。明确使用场景的主角是谁，明确场景描述是当前场景还是未来场景的想象。

（2）确定文字描述场景的核心内容。场景描述包含的主要元素有以下 5 个。

Who：谁是参与者？

When：什么时间？

Where：活动发生在什么地方？

What：发生了什么令他们困扰的事情？他们会到哪些困难？

Do：做了什么事情？面对困难，他们的反应是什么？

对于现有场景，描述了一系列的动作，他们可能会遇到的事件，以及他们对这些事件的反应和随后的结果，从而确定核心需求。而对于未来理想场景描述，则是通过用户的一系列动作，即用户角色为了达到目标而采取的行动，展示解决方案的设计概念。

进行深入的研究，找到潜在可能的行为，为用户提供便利的服务。

（3）给场景取一个名称，确定场景描述的篇幅，明确每个画面的内容。

（4）构思场景描述的写作风格。是平铺直叙还是戏剧化，并建立故事链接。同故事板一样，场景描述也是讲故事的一种方式，戏剧化的场景描述可以分为起承转合几个部分。

（5）利用当前场景描述发现设计机会。通过场景描述，有助于发现痛点。挖掘设计机会有横向与纵向两种方式。

例如，在手机上刚刚截屏或者刚刚拍摄完照片（when），再打开微信的聊天页面（where），打开加号功能时（do），会自动弹出“你可能要发送的照片”的功能（图 4–2–1）。这一设计就是利用横向挖掘找到可能的下文行为。一般在保存某一照片或者截屏后，很容易联想到下一个行为步骤是把该照片发送给他人，因此根据连续性活动“截屏—发送”发现下文潜在需求，为该需求设计了功能，从而减少操作步骤，提升体验。

**图 4–2–1 自动弹出“你可能要发送的照片”功能**

## 三、服务设计体验故事板

### （一）故事板的定义

情景产生之后需要可视化呈现并与用户沟通。在这一过程中，如故事板、用户体验地图等工具可以被充分应用，以叙事性的手法来表现。当表现一个有形产品、界面或建筑时，虽然有着熟悉的工具和方法，但服务更为复杂，很多情况可能是无形的，因此需要借助这些工具来表现与利益相关者相关的整个服务体验。

故事板是一种设计语言，旨在创造更顺畅的交互。其特点主要是将语言文字和思维进行视觉化表现。故事板是一连串的素描或图片，描绘出特定事件的过程，同场景描述一致，其中可能是包含特定服务发生的一般情境，或针对执行新服务想象出来的虚拟环境。故事板在服务设计体系里的应用将成为一种必然趋势。

注：故事板这一方法可以应用在设计的不同阶段，本书在定义阶段讲解。

### （二）故事板的作用

为什么需要故事？故事是人类互相沟通的方式之一。它决定了人能否从想法和事物中看到意义、价值、用处。在服务设计中，故事板可以挖掘和预测用户对产品和服务的感受和体验。透过适当的服务情境，以针对未来可能遇到的问题与机会，引导出有用的分析和精彩的讨论。

在建立故事板时，设计者必须从服务使用者的角度出发，将使用者的观点融入设计过程。在故事板的帮助下，设计师可以避免从单一设计者的角度思考问题，可以设身处地地以多重角色、不同产品使用者的角度思考问题，增强同理心。

同时，故事板也是整个服务流程的完整揭示。从视觉化的层面丰富了体验的表达。故事板综合描述了用户需求、设计概念、使用场景条件和预期结果。这种方式更容易整合设计，形成一种易于与设计团队、管理层和利益相关人进行沟通的方法。

### （三）故事板的构建方法

故事板可以通过几种不同的方式构建起来，最常见的就是连环漫画的形式。设计者用一连串的图画陈述要进行表达的故事情境，不论是真实还是想象的情节，都可以运用在故事板中。故事板的绘制方法和表现形式没有统一的标准，但一般是通过分镜的方式，展现与设计方案相关的各个步骤流程，组成一个合理与完整的故事。在表现上，需要充分考虑易读性和趣味性。

1. 故事板的基本要素

人物：故事要有主人公，所以故事人物角色是必不可少的。故事主人公的行为、外观和期望以及其在整个故事中所做的决定，都非常重要。故事板要展现角色在整个流程中的交互动作、内心的想法、作出的决定、整体的体验等。

场景：故事场景是人物角色在故事中存在的一个载体。要描述用户场景，需要对用户使用该产品和服务的过程有一个基本的了解，还需要对用户角色和使用情景有所设想。可以参照场景描述的方法。

做的事情：主角做了什么事情并达成了什么目标，设计师需要分解这个目标，为达成这些目标设置一些障碍，用户通过克服每个小障碍，达到最终目的。

2. 故事架构

开场：事物的当前状态。目标用户是谁，交代故事背景。当用户接触产品或服务时，他的世界会发生哪些有益的改变，他使用产品或服务的主要目标是什么。

激励事件或问题：事件、诱因或唤起行动。产品有待解决的问题及问题的痛点是什么？

上升：一系列步骤。

危机：潜在的障碍（这个并不是必需的）。危机是达到体验高潮要克服的障碍，如需要注册、需要付费等。

高潮或问题解决：体验到产品价值时候的高潮点，包含解决方案、价值主张、竞争优势等。什么可以帮助你解决用户的问题，并且克服危机或心理抵抗？

回答：结果。你希望用户在了解你的产品或服务后怎么想、有什么样的感受或想象？

剧终：目标达成。用户实现他的目标时会发生什么？

故事机构如图 4-2-2 所示。

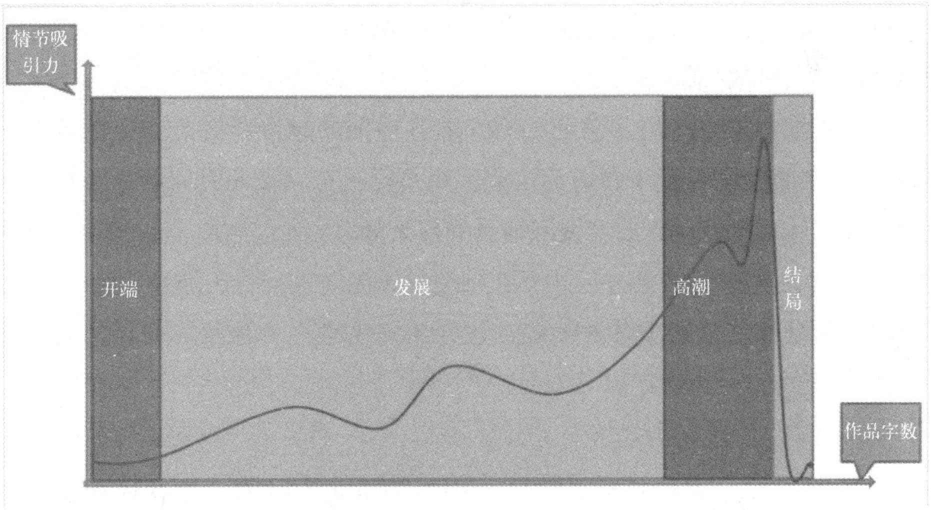


图 4-2-2　故事结构

## 四、服务设计交互可视化旅程地图

### （一）用户旅程地图的定义

用户旅程地图是将用户的行为体验和用户在产品交互的过程中进行可视化表现的工具。通过用旅程地图，能够更好地理解目标用户在特定时间的感受、想法和行为，寻找用户的痛点。用户旅程地图的制作是在多种用户研究方法和结果的基础之上的一种总结，用户角色、场景描述、行为数据分析、问卷调查等工作的数据结果都可以作为用户旅程地图的绘制材料。

### （二）用户旅程地图的作用

用户旅程地图具有两大特点，即讲故事和可视化。一方面，用户旅程地图能为服务建构生动、逼真、结构化的使用者经验资料。它可以帮助设计师理解用户的使用场景，了解用户的目标，理解用户遇到的问题以及其情绪感受，从而促进设计师从情感化设计角度出发进行设计。另一方面，用户旅程地图汇聚了众多可视化数据点，鼓励来自不同团队的利益相关人员进行合作和交流。

### （三）用户旅程地图构建的方法

（1）选定一个用户角色，首先要确定目标用户是什么人，选定一个目标用户，并进行用户角色的绘制。

（2）明确要研究的用户角色的用户旅程地图的起点和终点。在横轴上标注客户使用该产品的用户行为和行为流程。用户行为可以按照时间顺序来划分，如支付前、支付中、支付后；或者按照地点顺序来划分，如进店前、在店内、出店后。在进行了整体用户行为的划分后，再在每个行为区间进行行为流程的细化。

（3）在纵轴上罗列出各种问题，包括用户需求用户情绪、痛点、触点、机会点、用户行为和行为流程等。

（4）用户旅程地图内容填充。

①触点：可以先自行体验整个用户流程并结合内部的一些设计和意图，梳理出一个基本的基于企业内部认知的接触点的清单；然后采用一定的用户研究方法，如一对一访谈法、观察法、调查问卷法、焦点小组访谈、数据分析法等，发

现用户在行为流程中的触点。不同用户的接触点可能不是完全相同的，因此应该尽可能地汇总所有调研用户的接触点。

②用户需求：通过观察法、访谈法、场景描述等方法获得用户需求，将用户需求按照阶段详细展示与说明。

③用户情绪：获取用户对触点的感受。在触点的调研过程中，找出其中超出用户预期的接触点和未被满足的接触点。这里应当以用户在该接触点的预期为基准线，“超出预期”“满足预期”“不满足预期”对应用户的“愉悦”“舒服”“一般”等情绪，通过对每个接触点上的用户体验进行打分获得情绪体验曲线。

④痛点：痛点是在接触点中寻找的，在各个关键接触点以及子接触点中能够发现痛点。

⑤机会点：根据用户需求和痛点，以及现有接触点的情绪体验，发现可以进行设计与改进的机会点。

## 五、服务设计人物关系蓝图

### （一）服务蓝图的定义

美国花旗银行的副行长林恩·肖斯坦科（Lynn Shostack）首先提出了服务蓝图的构想，她在 20 世纪 80 年代初创立了这一术语。服务蓝图是一张描述使用者、服务提供者与其他服务相关者在整个服务流程中的行为与交互的流程的图表，能够具体说明服务各个层面的信息，用可视化方法展示了整个服务系统。服务蓝图将服务过程合理分块，再逐一描绘服务系统中的服务过程、接待顾客的地点以及顾客可见的服务要素，是解决服务叙述不完整、过度简化、描述偏差和解释困难等问题的方法论。通常在服务设计方案一开始就会先建立服务蓝图的草稿，借以找出服务中必须检视与调整的项目，在规划出新想法与创新做法之后，则需进一步详尽说明并增加服务蓝图中的执行阶段内容，有助于为实际的服务工作建立明确的准则与说明。如果正在设计一项新服务，则从绘制期望的服务过程开始；但是在进行服务改进或服务再设计时，则可以从绘制现实服务过程入手一旦小组了解到服务实际如何进行，修改和使用蓝图即可成为改变和改进服务的基础。

### （二）服务蓝图的作用

当描述一个服务系统时，需要将服务体验中所有不同的触点连在一起，同时又兼顾组织中所有利益相关者的需求与希望。这时对于服务过程的描述与理解就会变得比较复杂，因此需要介入服务蓝图。

服务蓝图具有以下 3 个作用。第一，明确责任分工，提升团队的合作效率。服务蓝图展示了服务系统中各个角色所处的位置，并能呈现出服务背后所需的工作流程，通过服务蓝图，可以找出流程中重叠或重复工作的部分，从而进行责任与系统的优化。第二，服务蓝图有助于优化用户体验。通过服务蓝图，用户层、企业服务层与系统层的关系被打通，可以将用户体验感的缺失点与相关系统进行对应，便于及时找到问题点，进行体验的优化。第三，服务蓝图从系统层面将服务流程进行可视化展示，有助于从宏观角度进行多方利益的平衡，寻找最佳服务模式。

### （三）服务蓝图的构建方法

1. 服务蓝图结构

服务蓝图作为一种工具，其内部的结构并不是一成不变的，可以根据具体的项目情况来确定符号、分解线的数量及每一部分的名称。一般来说，服务蓝图结构（图 4–2–3）包含以下三个部分：一是 5 个区域，分别是实体表现、用户行为、前端行为、后端行为和支撑行为；二是 3 条分割线，分别是互动接触线、可见度分界线和内部活动分界线；三是用箭头表达交互连接的流向线。服务蓝图的横轴为时间维度，按照时间节点顺序描述客户和服务提供者在服务流程中的一系列动作；纵向为服务维度，从多个层面同步出发，将服务提供过程中涉及的各个职能部门的工作进行层次化展现，呈现出相同时间节点内各要素之间的协调活动及其相互关系。通过服务蓝图，服务设计者可以清晰地界定服务问题发生在哪一具体环节。

服务蓝图

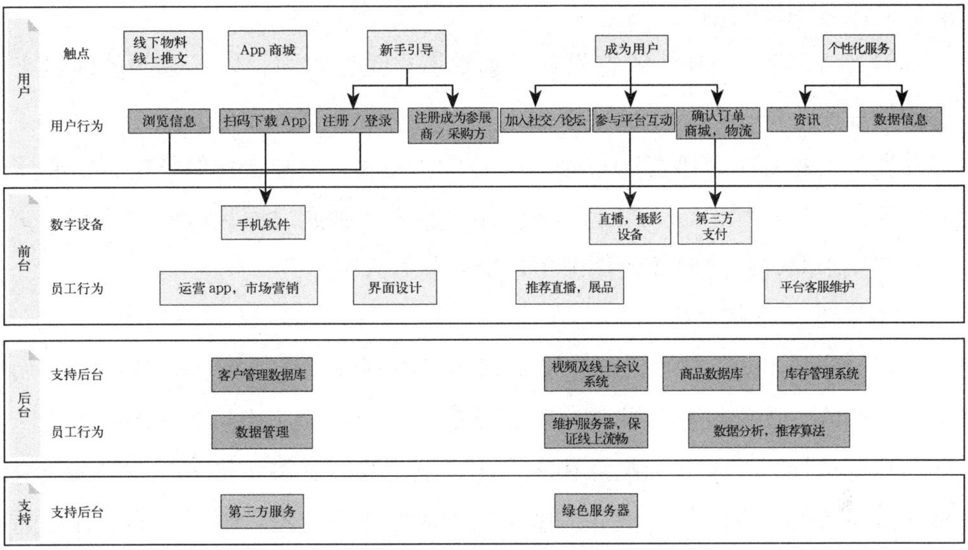


**图 4–2–3　服务蓝图结构**

（1）实体展示。用户能看得见、摸得着的服务流程中的内容，都是有形展示，如进入某酒店后，酒店前台为用户提供的饮用水。

（2）用户行为。指用户在整个服务流程中表现出来的具体行动，如用户在酒店前台进行登记。

（3）互动接触线。代表使用者与服务提供者的接触点。一旦有一条垂直线穿过互动分界线，即表明顾客与组织间直接发生接触或一个服务接触产生。

（4）前台工作。用户能够感受到的前台服务人员表现出的行为，如酒店的服务接待人员对用户提供服务。

（5）可见度分界线。这条线区分出可见的前台员工或系统和消费者不会直接看到的后台员工及工作的分界线。

（6）后台工作。与用户行为和前台工作相对应，指那些发生在幕后，促使前台行为发生的动作，如酒店的保洁人员对房间进行打扫。

（7）内部活动分界线。用以区分服务人员的工作和其他支持服务的工作和工作人员。垂直线穿过内部互动线代表发生内部服务接触。

（8）支撑行为。是在整个服务的幕后，为后台工作提供相关支持的行动，如酒店对服务制度的制定。

（9）流向线。一旦把所有服务元素都填充到蓝图中，就可以用流向线来把它们连接起来。流向线表示蓝图中元素之间互动和连接的方向。这些线显示了特定互动发生的起点以及被影响或触发的结果。例如，用户在房间打电话请酒店进行电话叫早，用户和前台人员之间就发生了交互，彼此之间用流向线连接。交互是由用户发出的，则流向线就是由用户指向服务人员。

2. 服务蓝图绘制步骤

（1）明确绘制蓝图的服务过程和意图，绘制过程取决于团队的目标。如果目标未被明确，识别过程将非常艰难。需要提出的问题：为何要绘制服务蓝图？我们的目标是什么？过程的起点和终点在哪里？我们是关注整个服务的某个组成部分还是服务的一段时间？例如，绘制咖啡店的服务蓝图，则服务的过程是为顾客提供咖啡饮品的服务。而针对某些特定的时间，如发现咖啡订餐阶段出现了问题和瓶颈，耽误了顾客的时间，则可以针对这一步骤开发详细的过程蓝图。识别需要绘制蓝图的过程，对建立服务蓝图的意图作出分析。

（2）从用户角度描绘服务过程。描绘用户在受服务的过程中，如在消费、购物、评价中经历的选择和行为。从顾客的角度识别服务可以避免把注意力集中在对顾客没有影响的过程和步骤上。该步骤要求必须对顾客是谁达成共识，为确定顾客如何感受服务过程，还要进行细致的研究。有时从顾客角度看到的服务起始点并不容易被意识到，如客户认为预约去医院、开车去医院、停车这些步骤都是服务经历，但是医院往往容易忽视预约等相关服务。因此，可以从用户的视角来进行服务过程的录制，能够更加完整地获得有效服务过程。蓝图是团队工作的结果，参与者应包括用户、设计部门营销人员、运营人员、前台服务人员等。

（3）前台后台工作描绘。画上互动线和可视线，根据第二阶段获取的用户行为过程，对应找出前台服务和后台服务。对于现有服务的描绘，可以向被服务人员询问其行为，以及哪些行为用户可以看到，哪些行为发生在幕后。对于现有的服务流程及规划，则可以通过模拟演示来进行判断。

（4）绘制流向线。建立每个元素的联系，把顾客行为、服务人员行为与支持功能相连。在这一过程中，内部行为对顾客的直接或间接影响可以显现出来。

从内部服务过程与顾客关联的角度出发，有助于发现现象背后的问题所在。

（5）有形展示。最后在每个顾客行为步骤上添加有形展示，加上有形展示，说明顾客看到的东西以及顾客经历每个步骤所得到的有形物质。可以通过对服务过程进行实际拍照或影像记录来探寻这些有形物品，也可以从顾客面对这些有形展示的态度来分析有形物质对整个服务定位的影响。

3. 用户旅程地图和服务蓝图的区别

用户旅程地图是侧重用户体验的设计工具；服务蓝图是关注服务过程的工具。用户旅程地图虽然包含相对较少的步骤与流程细节，却提供了更多关于用户体验方面的信息；服务蓝图则包含相对较少的用户体验方面的细节，而更侧重阐释服务是如何一步一步传达到这个过程的。

用户体验与服务设计属于一种包含的关系，既然用户旅程地图与服务蓝图分别侧重用户体验与服务过程，那么二者之间也存在一定的包含方面的相关性。

服务设计其实就是一个舞台。这个“舞台”是由前台、后台、幕后 3 个部分构成的。前台是事件发生的地方，是观众可以看到的内容，用户行为发生在前台。后台提供前台需要的支持，如灯光、布景、工作人员，这些都是观众看不到的，在后台组织所有的事情，可以让前台工作顺利开展。幕后是组织所有无形的事情使前台和后台成为可能，如规则、规章、政策、预算等。

用户旅程地图是从用户的视角描述用户的体验，是服务体验的前台阶段。在创建旅程地图时，主要是根据用户的讲述和用户的数据来绘制他们的体验过程，描述他们在做什么、想什么、有什么感受、如何交互，除了捕捉用户正在经历的体验，旅程地图也可以被用于想象和展望未来，使用该方法作为工具，可以推测用户在未来可能会看到的和做的事情。

服务蓝图则揭示和记录所有表象下发生的事情以及创造其组织的内部构成。每个旅程背后看不见的支持结构是非常复杂的，用户旅程地图和用户叙述并没有显示出组织的内部工作方式是什么，服务蓝图则用来挖掘隐藏在深处的工作。在现实中，为了维持好的用户体验，而去破坏整个内部流程的做法并不可取，这样往往会花费大量的时间、金钱和员工精力。在这种情况下，需要借助服务蓝图来帮助了解组织的复杂性，可以将潜在的因素和用户旅程地图联系在一起，这样就可以从企业本身整体健康的角度去思考问题。

用户体验地图和服务蓝图是两个互补的方法，能帮助设计师看清楚服务的两个方面。如果已经对用户旅程有了充分的研究，并且已经通过一定的方式确定特定的痛点，那么就可以进行服务蓝图的绘制。它可以让设计师深入了解自己是如何提供体验的、通过哪些支撑行为和后台行为解决痛点以及整个组织是如何运作的。

## 第三节　服务设计思维中的设想思维

设想是通过发现创意的方法尽可能多地去设计方案。而此时需要所有的项目参与者一起开动脑筋解决方案。无论是对于产品设计还是服务设计，运用发散思维，从众多的思考方案中寻找到最适合的确定核心问题后。

### 一、问题解决途径思维导图

#### （一）思维导图的定义

思维导图通过绘图的方法将人们以创新思路解决问题的途径、对信息的理解等有序地表达出来，以主题为中心，有组织、有层次、放射性地对相互的关联进行展现，较直观地勾勒出信息全貌，一思维导图充分地将思维逻辑进行有效整合，最终将大脑发散性思维的自然表达过程通过可视化的途径表达出来。

思维导图的初期信息包括与主题相关的话语思路、观点或任务，或其他关键词和想法，并不拘泥于具体的相关信息，有时看似非常荒诞。思维导图和普通的交流和信息收集方式相比，最大的优势在于能够将不同成员各自头脑中相关主题所能想到的最直观的信息呈现出来，这种方式对于后期信息的梳理和方向的确立有着重要作用，对于设计师或其他专业人员的沟通来说，也是直观和方便的。

思维导图可以用于定义问题的主要因素与次要因素，也可以启发设计师制订各个问题的解决方案。在每个设计阶段，思维导图都具有一定的作用。

注：思维导图方法既可以应用在定义阶段用以梳理设计问题，也可以应用在设想阶段用来发散思维，寻找解决方案。

### （二）思维导图的作用

思维导图的绘制是一个对信息进行设计的过程。利用思维导图，更有利于创意的联想，使思维更加活跃，有利于拓宽思维的广度和延伸思维的深度。利用思维导图，设计师可以提高自主规划性、创造性和设计兴趣。在设计中，设计师不仅可以利用思维导图进行创新设计，还可以进行设计分析、设计任务规划、归纳总结信息，辅助人们思考复杂的问题。

同时，思维导图有利于团队协作，思维导图的方法可以让集体把每个个体的创造力结合起来，成倍地发挥作用，这是一个将个体大脑的能量结起来，创造一个独立的集体大脑的过程。每个人都会有自己的思维导图，而通过集体协作，在彼此的思维上进行发散，形成了思维交织的思维导图，使每个人都有参与感，就更能够对思维导图的结果获得认同感，使得集体达成一致意见。

### （三）思维导图构建要点

1．思维导图绘制方法

（1）根据目标确定主题词汇。如前面提到的，思维导图方法既可以用来梳理设计问题，也可以应用在设想阶段用来发散思维，寻找解决方案。无论在哪个阶段，都要根据制作思维导图的目的来确定主题词汇。主题词是整个发散的核心，主题词要与核心目标有密切的关系。

（2）进行分支的扩张。形象地说，思维导图就像大树一样，由树根、主干、枝丫、叶子组成。在明确自己的目标主题后，写出与主题相关的关键词，就可以一级节点、二级节点等一直衍生，从而产生丰富的联想，展开广泛的发散思维。

（3）进行形的美化与丰富。美化包括通过色彩、符号、字号、线条的组合来突出重点，创造结构，从而激发想象力、刺激视觉流动和强化图像在头脑中的印象。

除了手绘思维导图，也可以使用计算机技术绘制思维导图。在网站绘制思维导图更节约时间，也便于修改。二者各有优势，可以根据自己的使用习惯自行选择。

2．绘制思维导图注意事项

相比于计算机绘图，用铅笔草图绘制思维导图能够更好地做到手脑一致，将思考及时地捕捉下来。通过铅笔草图，可以使复杂的内容通过简单的视觉形式得到清晰展现。铅笔草图可以用多种细节和视觉效果来表达思想，同时能够引起读者兴趣。在进行思维导图的绘制时，可以采用以下 7 个视觉化的技巧。

（1）使用箭头。箭头是组成思维导图的基本元素。箭头一般表示指向与连接。可以绘制单向的箭头，也可以绘制多向的箭头，用箭头指向表达思考的路径。

（2）使用色彩。色彩也是绘制思维导图的非常重要的工具。色彩有助于强调重点，加深记忆，增加美观度，区分逻辑。多色彩对大脑的刺激有助于获得更多的灵感与思考。

（3）使用图片。思维导图不仅可以用文字作为主要元素，适当的绘图或者照片也可以用来启发联想。视觉图像给人的感受更直观，能够提高视觉感触力，使人获得新的启发。

（4）使用代码。如字母、数字、特殊符号等，这些代码可以用来建立各部分之间的联系，标记相同代码的元素可以具有相似的特征。

（5）线条处理。可以用不同色彩、粗细的线条来对不同的内容进行标记。中央的线条要粗些，有重要信息的地方的线条也适当加粗些。同时线条不要过长，一方面能够节约空间，另一方面可以保持美观。

（6）设计形状。将思维导图的分支设计成不同形状，可以是鱼骨图，也可以是树状图，独特的外形可以激发包含在这个分支里的信息记忆。

（7）注意层次分明。保持清晰的层次可以给人以逻辑清晰的感觉，同时便于记忆。

## 二、设计思维创新头脑风暴

### （一）头脑风暴的定义

头脑风暴法（Brain storming，BS）又称智力激励法、自由思考法、畅谈会或集思会，是由美国创造学家亚历克斯·奥斯本（Alex Faickney Osborn）于1939 年首次提出、1953 年正式发表的一种激发性思维的方法这一方法。最初用于广告的创意设计，工作小组人员在融洽和不受任何限制的氛围中以会议形式进行讨论、座谈，打破常规，积极思考，畅所欲言，充分发表看法。后来在技术革新、管理创新和社会问题处理、预测和规划等领域也得到了广泛的应用。如今转为无限制的自由联想和讨论，其目的在于产生新观念或激发创新设想。

### （二）头脑风暴的作用

头脑风暴的核心思想是集思广益。希望通过一群人围绕特定的话题，产生很多想法、办法等来获取更多好的想法、点子、办法等。引用诺贝尔奖获得者莱纳斯·卡尔·鲍林（Linus Carl Pauling）的一句话就是："The Best way to get a good idea is to get a lot of ideas."（要收获好的点子，首先要获得很多点子）。

在群体决策中，由于群体成员心理相互作用、相互影响，易屈从于权威或大多数人的意见，形成所谓的"群体思维"。群体思维削弱了群体的批判精神和创造力，损害了决策的质量。为了保证群体决策的创造性，提高决策质量，在管理上发展了一系列改善群体决策的方法，头脑风暴法是较为典型的一个。提出头脑风暴法的目的在于使个体在面对具体问题时能够从自我和他人的求全责备中释放出来，从而产生尽可能多的想法。奥斯本认为，设想的数量越多，就越有可能获得解决问题的有效方法。

### （三）头脑风暴的构建方法

1. 头脑风暴原理

假设有三人进行头脑风暴，由于3个人的知识结构不同，对同一个问题求解的出发点不同，每个人先在自己熟悉的领域发表意见。第一个人沿方向A提出设想，第二个人在此基础上向方向B延伸，第三个人又在这些基础之上沿方向C延伸．那么方向（A—B—C）就形成了"思路"。依次类推方向（D—E—F）形成了另一条"思路"，每个人的想法互相激发，这样不同的出发点可以形成非常多的思路（设计方案）。

2. 头脑风暴法的执行步骤

（1）定义问题。写一份问题说明，如所有问句以"如何"开头。挑选参与人员，并为整个活动过程制作计划流程。

（2）从问题出发，发散思维。在头脑风暴正式开始时，先在白板上写下说明以及头脑风暴的4项原则，并向参与者充分说明。按需为参与者准备充足的纸张、圆珠笔、铅笔、马克笔等。头脑风暴的4原则如下。

①自由奔放地去思考。要求与会者尽可能地解放思想，无拘无束地思考问题并畅所欲言，不必顾虑自己的想法或说法是否会被人嘲笑或者不正确。自由奔放、

异想天开的意见更受欢迎，必须毫无拘束，广泛地想，观念愈奇愈好。

②会后评判。禁止与会者在会上对他人的设想品头论足，甚至出现批评的评价。至于对设想的评判，留在会后进行，也不必自谦。

③以量求质。鼓励与会者尽可能多地提出设想，以大量的设想来保证质量较高的设想的存在。设想多多益善，不必顾虑构思内容的好坏。

④见解无专利。鼓励借用别人的构思，借题发挥，根据别人的构思联想另一个构思，即利用一个灵感引发另一个灵感，或者对别人的构思加以完善和丰富。

（3）对得出的创意进行评估并归类。一旦生许多创意，则所有参与者应一同对创意归类，选出最具前景或最有意思的创意。一般来说，这个选择过程需要借助一些设计标准，如 C-Box 方法（用来评估竞争优势和市场定位的工具）等。

（4）聚合思维，选择最令人满意的创意想法或想法组合，明确主题，带入下一个设计环节。

## 第四节　服务设计思维中的原型思维

原型不是为了完成产品而生成的中间产物，而是设计师用来检验设计是否合理的工具，在以用户为中心的设计理念里，原型是为了让用户试着用一下才被制作出来的，原型有助于在产品和服务投入广泛的应用前发现更多的问题。

### 一、服务场景模拟演练

#### （一）桌面演练的定义

桌面演练适宜用来探索在某空间内交互式讨论的过程。桌面演练是运用小型的三维立体模型立起服务产生的情境，运用像乐高积木之类的道具辅助设计者呈现服务环境，并以一般情境进行演练，让大家观看到服务场景的还原，从而进行决策与改进，为用户、供应方以及任何利益相关方解决沟通、协调、合作等方面存在的问题。

### （二）桌面演练的作用

用桌面演练的方法能测试新的服务概念，运用模型将无形的想法具体演练出来。因为有了服务的场景，就有了展现服务的载体，可以对服务的效果进行测试，通过对用户进行测试，可以及早发现问题和快速解决问题。演练模型能够为各种不同的参与者建立起沟通通道，让大家可以共同建构新的概念，或一起分析、重建有问题的服务接触点。桌面演练可用于针对特定情境的反复分析，也可以在演练的某些位置加入新的想法或重新设定服务方式。桌上演练可以采用多种不同的方式进行，主要目的在于让人们以弹性的方式，交换对未来服务运用的看法，演练的目的在于求证关于服务概念的假设并更好地发展它。

### （三）桌面演练的要点

桌面演练最适合用于面对面的服务概念，它在设计服务场景或者试图弄清服务场景如何提供服务体验以及交付物时特别适用。在这种情况下，通过桌面原型还原服务场景，可以使服务以及空间作为一个整体来被观察以及被理解，从而让设计师探寻在哪个空间会发生哪个动作。桌面演练的执行步骤如下。

（1）原型的搭建可以建立在已经分析好的服务概念的基础上，如用户旅程或者故事板。可以让用户和服务供应方共同搭建并且演示他们的原型，也可以是设计师自己搭建来展现服务场景和概念，然后让用户或供应方演示他们的角色。

（2）以定义服务场景中包含的主要角色、环境物品，如房间、椅子、交通工具等，制订一个制作规划。

（3）进行模型制作。为每种角色制作一个“小雕像”，至少有一个供应者以及一个用户，或者更多的其他利益相关方。按比例缩小搭建场景，然后搭建其他的物理触点，这些触点可以按比例缩小，也可以比应有比例大一点，便于抓取和使用，尤其是当用户是老年人或者抓取能力较差的人参与时。在服务概念中对于不是特别主要的物品或者人物可以不制作，以节省时间。

（4）使用这些人物和道具来演练服务，演得越真实就会学到越多，学会在演练进行时随时调整道具规则或者动作。可以邀请不同的利益相关人在一起共同还原用户体验的过程，每个人可以站在自己的角度阐述观点，一起寻找问题的关键。如果单纯靠想象，则很难完整地还原用户的真实想法，因此可以通过桌面演练来找到问题。

## 二、可视化初步方案原型设计

### （一）原型设计的定义

原型是把系统主要功能和接口通过快速开发制作为模型，以可视化的形式展现给用户的工具，用以征求意见、确定需求，同时也应用于开发团队内部，作为讨论的对象和分析、设计的接口。原型不是整体粗制滥造，而是为了达到目的，在满足最低需要的前提下以最少的资源来制作。服务原型就是模拟的服务经验，可以用非正式的角色扮演形式进行对话，也可以更严谨地邀请使用者参与、运用道具或真实的服务接触点，建构服务原型。

### （二）原型设计的作用

原型设计主要是为了在生产实际产品之前进行测试设计。透过原型设计，可以针对特定的功能有更深入的了解，效果要比文字或视觉的描述来得更好，聚焦使用者经验，运用原型也能找出解决方案的效果。如果通过原型测试获得来自用户的负面反馈，则够在低风险的研究阶段和公开发布之前收集产品反馈，并进行针对性改进。

### （三）原型设计的方法

1. 原型分类：低保真原型和高保真原型

（1）低保真原型

低保真原型是粗枝大叶的制作，是与最终产品不太相似的原型，它使用与最终产品不同的材料。创建低保真原型可以使用日常生活中的任何物品，不必很复杂或很昂贵，也不需要花太多的时间，诸如纸板箱、卡片、便笺、透明胶片以及期板等工具都可以用来创建有效的低保真原型。可用性专业人员和产品设计人员在创建产品原型时有助于用户熟悉的介质，有助于他们将注意力集中在产品设计的主题上。

低保真原型有以下 3 种形式。

①草图：草图是设计低保真原型中经常采用的方法，采用直接在纸张或者白板上用笔勾画产品的界面是最灵活、快捷的方法。有人说当拥有强大的原型工具时，为什么还要使用纸和笔呢？其实不然，设计师需要在手绘阶段勾勒自己所想，这个过程能够及时地捕捉与记录想法，是一种高效、可靠的方法，手绘草图还能够帮助设计师更快地取得进步。

②模型：模型也可以看作原型的一种形式。当设计师想了解用户对某个产品的使用感受时，如不同尺寸的手机、不同造型的鼠标等，可以通过制作模型来获得较为可靠的数据。随着科技的发展，在成本允许的条件下，制作原型还可以采用更为先进的方法，如三维打印。

③纸面原型：这是最简单的一种原型，纸面原型很容易实现，只要在纸上勾勒出草图，然后整合在一起，就可以对产品的体验进行调查了。纸面原型应用于交互设计的初始阶段，这种简易操作模式使纸上原型相比于其他计算机图形化的界面原型方法而言，应用更广、构建更快、修改更方便。由于其精度较低，更适用于流程、框架和基本功的设计决策。纸上原型具有快速构建、轻松修改、容易操作、关注流程、成本低的特点。纸上原型所使用的介质和工具基本是物理性质的，主要由背板、纸张和卡片构成，通常设计人员在纸张上标记出页面的对话框、窗口元素等内容，并将它们进行拼凑后贴到背景板上，从而模拟真实的界面。使用时，纸上原型的设计者代替计算机对用户以及内部人员的点击和按键操作给出反应。

（2）高保真原型

高保真原型即几乎完全按照实物来做的原型。高保真原型与最终产品更为接近，它们一般使用与最终产品相同的材料。高保真原型一般有计算机原型和视频原型。

①计算机原型：目前，有很多计算机原型制作软件为网页或移动端应用进行原型设计提供了工具，通过优秀原型设计工具制作的软件原型一般细节详尽、交互灵敏且转化多样，能够更加全面地展现软件真实的界面和交互。

②视频原型：通过动态视频的手段将产品概念和情节模拟演示的方式称为视频原型。虽然用户不能与原型直接交互，但这种方式可以使用户对设计方案有较全面的了解，特别适合模拟产品功能的动态特性。

研究表明，原型保真度对可用性测试的影响不大。2002年沃克·罗伊斯等人对网站的高保真原型（用HTML代码编写的，包括字体、颜色、图片等）与低保真原型（网页在纸上标记后扫描到计算机中）在发现可用性问题上的差异进行了比较。结果显示，无论是在发现的可用性问题数量上，还是可用性问题的准确性上，均没发现显著差异。

然而，雅各布·尼尔森（Jacob Nilsson）在1990年Nielsen的研究中，比较了纸上原型和计算机原型在启发式评估中能够发现的可用性问题。研究者指出，虽然大多数的可用性问题在两种原型中都能被发现，但是相对来说，仍然有些可用性问题在某种原型中更易被发现，而在另一种原型中则较难被发现。尼尔森进行了总结，认为纸上原型更容易发现设计中的一致性问题，而计算机原型更容易发现大多数的可用性问题。

原型也可以根据其分享的层面而分为内部原型、外部原型和公开原型。内部原型是团队内部进行交流的原型，可以表现得粗糙些，主要目的是展现团队间互相沟通原型是如何工作的，并权衡利弊。可以向客户或利益相关者展示内部原型。外部原型是为想要的方向做一个实例，以展示进展或论证某个事物是如何工作的。可以清楚地了解每个工具的运行模式，以便设计团队可以更清楚地知道哪个最适合。这类原型在项目的中后期都非常适用公开原型，要面向团队外部这一更大的范围。需要把实际的设计过程公布出来以接受实际检验，了解用户如何操作，并据此进行迭代。这是最精致的原型，可能开放给一小部分用户，往往适合于大型的项目，用在某些功能特性的测试阶段，用户和客户通过使用原型提供反馈。

2. 原型制作步骤

网页或移动端应用原型制作步骤如下。

（1）确定目标。在制作原型之前，设计师应该问自己一个问题，通过创建这个原型要试图解决什么问题？如果能够找到一个明确的答案，那么这个原型就是清晰且具有凝聚力的，有助于减少潜在的开销。确定目标有助于在制作前有一个清晰的规划，在制作中有一个明确的指导，在制作后有一个有效的检验。在没有特定目标的情况下制作原型，会浪费大量的时间。

（2）信息结构设计。以制作网页和移动云端的原型为例，在制作原型前要厘清其功能，对功能框架进行规划。一个标准的原型，需要包含产品内容有什么、如何组织起来的、页面层级是如何分布的，信息结构可以让项目成员快速浏览到产品的内容、功能、结构等重要信息，做到一览全貌。如图 4–4–1 所示展示了某电台音乐 App 的信息结构。

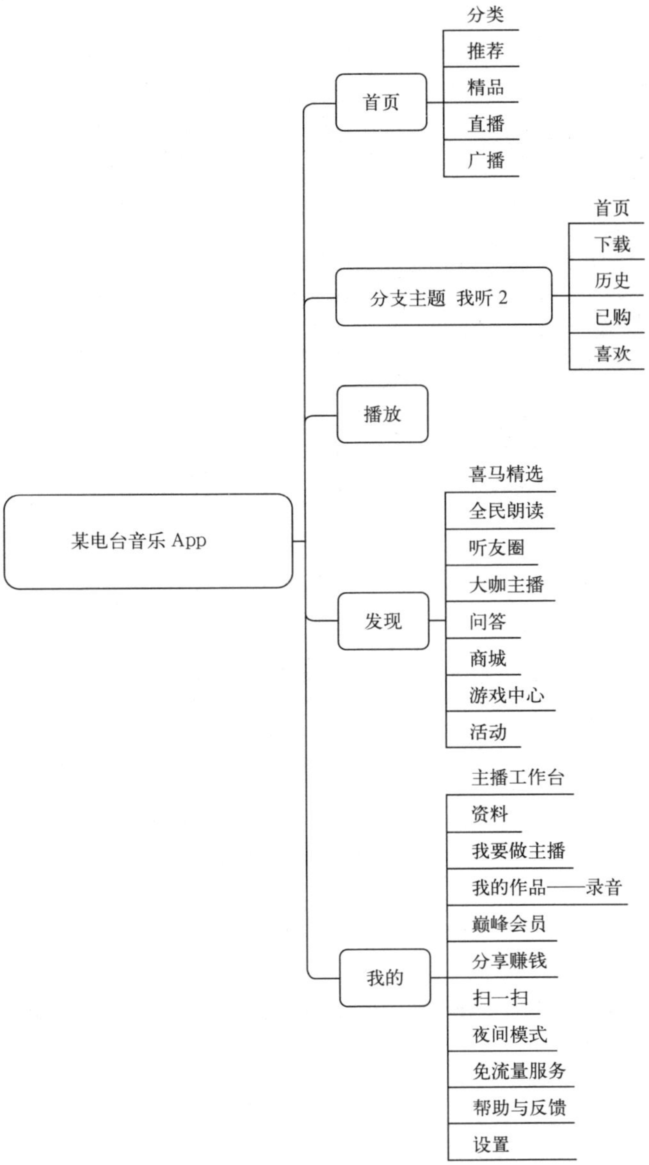


**图 4–4–1　某电台音乐 App 的信息结构**

（3）页面流程图。通过连线文字说明的形式展示每个按钮及功能所触发的事件。用户使用产品时，其每步操作会遇到什么结果、系统会如何反馈等都需要标记出来。通过页面流程图可以看到具体的页面以及用户如何通过操作，从一个页面跳转到另一个页面的完整过程，如图 4–4–2 所示。

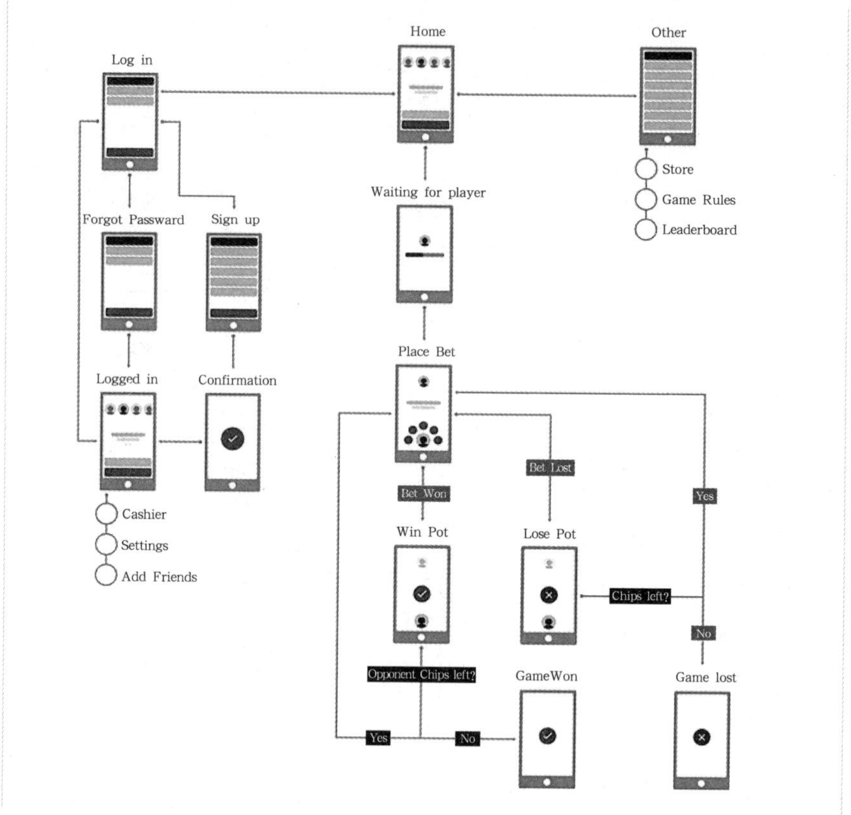


图 4–4–2　页面流程图

## 第五节　服务设计思维中的测试思维

设计思维的最后一个阶段——测试（test），通常用于重新定义一个或多个问题、验证对用户的了解程度、产品使用环境限制以及人们如何思考、表现和获得同理心。通过测试产品原型去重新审视自己的产品，尽可能深入地了解产品及其用户、相关使用人、使用专家等，并通过他们在使用过程中给予的反馈对产品进行相应的迭代改善。通过测试能够知道初步设想的强项和弱势，以此来排除某些解决方案；及时的反馈与方案聚焦能降低失败的可能性，减少研发过程中的经济耗损。

在以用户为中心的设计过程中，只有通过有效、真实的测试，反复进行了解用户使用情况、明确用户要求、制作解决方案、评测设计这四个活动，确保设计符合目的才算是完成一项成功的设计。

## 一、可行性测试专家测评

### （一）专家测评的定义

专家测评是让做过可行性测试的专家来对产品行评估。这种方法通常能够集中各方面的反馈，花费的时间相对较少。专家通常会使用测试工具进行测试，会像用户一样按照流程运行体验。

### （二）专家测评的作用

专家测评是一个很高效的方法，尤其是在早期的设计过程中，专家会根据他们的经验找出相应的问题，并指出可能对非专家用户产生干扰的因素。

### （三）专家测评的方法

1. 启发式评估

20 年前，由雅各布·尼尔森及其同事创造的启发式评估的目标是找出设计中的可用性问题。这是一种基于用户界面设计原则的检测方法，通常评价的人员是专业知识丰富的设计专家，所以启发式评估又属于专家测评。此项方法的基本思路是“先独立再协作”，其主要的流程如下。

（1）需要一组人，通常是设计小组的其余成员或者外部的设计专家。尼尔森博士认为，一个人通常只能发现 35% 的问题，因此需要招募 5 个人左右才能完全发现问题。尼尔森博士提出了一个公式，并提出有 5 人参加的用户测试即可发现大多数（约 85%）的产品可用性问题的学说。

（2）提供一组启发方法或基本原则，启发式评估十原则，让评价人员借此找寻设计中存在的问题，每位人员都会先独立完成这一试验，也就是说他们将利用设计师的设计来完成不同的任务，从而发现其中的漏洞。

2. 认知走查

认知走查最早由 Karat 等人在 1992 年提出，是一种基于认知模型的评估方法。使用该方法时要求评估者对产品进行两次评估。第一次是评估者自己主导的对产品进行探索的过程，其方法与启发式评估相似。第二次评估是在一个情景列表的指引下进行。每个评估者得到的情景列表中的各情景顺序是随机的，但是评估者必须严格地按照其所得到的列表顺序进行评估。认知走查的过程是评估者模仿用户解决问题的过程。

认知走查主要的测试流程如下。

（1）任务设计。清楚定义目标用户和核心操作任务。注意此时一定要对产品目标和核心使用场景有清晰的认知，操作任务一般是 3～6 个，单次走查时间不要超过 1h，避免受测者因疲劳而影响测试质量。

（2）预测试。设计师先自己试用设计原型走一遍任务，看是否能走通，并定义清楚标准解法，以便与受测者的操作流程进行对比。

（3）招募测试人员。将其代入目标用户的角色进行快速的测试。

（4）执行测试。测试管理者不要超过 3 个。通常是一人主持，一人做笔记，一人负责多媒体（拍照、录音、录像等），人员太多容易造成受测者的压力。让参与测试人员一一完成任务并记录其操作过程，此时最好用“有声思维”的手法让受测者在操作过程中把内心所想都表达出来。

认知走查法最大的特点是强调新手用户在使用界面过程中的探索性学习。用认知走查法提高系统的可用性，其着眼点是评估、鉴定和提高用户界面的易学习性。这种方法成本少、时间快，可在产品设计初期使用，缺点是设计师本人不是用户，所提出的观点难免有疏漏或偏颇。

## 二、可用性测试用户测评

### （一）用户测评的定义

用户测评，顾名思义就是让用户真正地来操作，通常又被称为产品可用性测试，给用户设置任务，记录人员通过观察用户的行为进行记录，评估内容为可用性、易用性和满意度，并发现产品设计中的问题。

### （二）用户测评的作用

不管是尼尔森还是ISO的可用性定义，其中至少有满意度这个维度。这里的用户满意度更多的是针对产品满足用户需求程度的一种感受。可用性虽然是产品的一种属性，但它是依赖用户而存在的。如果没有事先定义的目标用户，就无从谈论产品可用性的高低。因此，做用户测试有助于设计者及时、有效、准确地发现问题，寻找解决方案。

### （三）用户测评的方法

1. 测试的基本流程

以用户体验为核心的可用性测试需要用产品原型与用户直接对话，在测试前要做好充足的准备与思考，同时在测试的过程中要保持开放的心态，通过整理不同的用户进行测试获得的结果和反馈，可以在其中发现新的想法和见解，把这些想法和见解有目的、有选择性地融入下一个迭代中，会使产品更合理、更人性化。

（1）测试前思考。在测试前要首先明确五个“W”和一个“H”。

Who：谁将执行和参加测试？

What：测试什么？

Where：测试在哪儿进行？

When：测试何时进行？

Why：为什么要测试？

How to：将怎样执行？

（2）构建测试环境。不同的产品在不同的使用环境中进行测试会有不同的效果产生，为了更贴近产品设计的目的，达到通过测试收集到有效反馈信息的效果，构建合理、适当的测试环境对整个测试影响很大。测试的场景应尽量在实际使用场景中设计。如果非常困难，则可以考虑自行构建试验环境。

（3）预测试。依据规定的测试任务，在准备的试验环境中对5~6个被试者进行预测试，评估测试结果，并在反馈后进行有关测试任务的相关调整，如对测试中涉及的方法学知识、测试环境、测试问卷等；同时，预测试是熟悉测试流程的良好机会，此次机会不仅能让测试管理者适应自己的角色，同时也可以让数据记录员熟悉自己的工作流程。更重要的是，在测试中被测产品和使用的设备仪器也是通过预测试来进行不断调整和检验的。

（4）正式测试。在测试前设计师要为测试者解释完整的测试流程，包含其中涉及的危险分析等，要求被试者签署测试同意书。在测试开始时，应解除用户防备，给予放松的环境，并对被试者详细解释试验的流程。应测试中，注意观察用户的表情、肢体动作及心理变化，及时记录用户提出的问题、行为及想法，可以通过一定的设备来记录和获取试验数据。

（5）测试数据分析及整理。测试后对问卷、采集的数据等进行数据整理和分析，结合统计学的各项知识及相关软件等得出一定的测试结果。

2. 测试的常用方法

（1）有声思维

该方法最大的特点就是让用户在说出自己内心的思考和想法的同时进行操作。例如，用户在操作过程中陷入瓶颈时说：“我现在要下单，可是我找不到下单按钮在哪里。”这时，记录人员不仅能够知道用户在哪个页面出现了问题，同时也能了解出现问题的原因，因此该方法是使用最普遍的可用性测试方法。

（2）回顾法

回顾法是让用户独立完成操作之后再对用户进行提问，所以不必担心记录人员会给用户在操作时带来提示，也不用担心记录人员会打断用户操作的流畅性。若用户未能完成任务，则不易通过该方法发现根本原因，而且用户很难回顾复杂的情况，该方法操作时间也较长。

（3）性能测试

性能测试一般会安排在项目前后实施，目的是设置目标数值、把握目标的完成程度和改善程度测试，主要针对产品可用性三要素，即有效性、效率满意度的相关数据进行定量测试。

①有效性测试。有几成的用户可以独立完成任务是检验测试有效性的重要性能指标，这里的任务完成指用户正确地完成了任务。

②效率测试。需要检测用户完成任务所花的时间。最好限制每个任务的时间，在限定时间内未能完成任务，就被视作任务未完成。

③满意度测试。用主观评价来表示。任务完成后，可以就“难易程度”“好

感”“是否有再次使用的意向”等问题向用户提问，并设置 5～10 个等级让用户选择。

性能测试的方法如下。

性能测试是定量测试，与发声法和回顾法等一对一的测试形式相比，参与测试的人太少会使可信度降低，也不能用来说明问题，因此经常以集体测试的形式进行，每 1～2 名用户配备一位监督者制定测试内容、确认完成任务、检测任务完成时间等。

数据统计处理较多的心理学试验一般至少会收集 20～30 人的数据。所谓 20 人是目标用户的人数，但是有时会收集到无效的测试数据，因此整体而言需要 40～60 人。

从原则上讲，一次性能测试会测试多个任务。通过对比竞争产品，比较多套方案，或者对比改版前后的数据，进行客观评价。

性能测试方法的限制如下。

当任务完成率只有 20% 时，团队只知道这个任务的执行效率很低，但不知道用户究竟为什么没能完成任务，因此会感到无所适从。有声思维可以解决这个问题，但在实际操作过程中，只要采访人员不提问，用户就不会主动说话。如果提问则用户有可能会停止手头的工作进行说明，这样测试完成任务的时间就没意义了。缺少有声思维的性能测试没有任何意义，但如果同时实施这两种方法，又需要很大的预算，所以只要还未明确定量数据的必要性，就不应实施性能测试。没必要把有限的资源浪费在定量数据的测试上。

# 第五章　校园展览设计中的服务设计应用

为突出本书重点内容，即设计思维构建、理论点与设计实践相结合、视觉设计等，笔者在案例中暂时弱化展览团队构建、展览规划、文案揣摩和展场搭建部分，主要对整体展览与服务设计和视觉设计理论点紧密结合的展场设计、视觉设计和展览宣传的内容进行介绍，以让读者更好地理解将理论运用到实践的详细过程。

## 第一节　设计展览的主题设定

工作小组：策展组、文案组。

展览主题是做好展览的基点，也是起点。可以说，没有主题赋予展览核心的灵魂，就没有展览要传递出的精髓，以及其本身应该具有的吸引力。因此策划团队每年在对年展主题进行选择时都力争主题有内涵，给观众留下深刻的印象。

设计年展主要辐射的观展人群为在校学生和教师、企业技术人员和设计爱好者等，因此主题的选择应具有朝气和力量，紧跟社会发展趋势。同时，根据展品的丰富多样性，展览主题的包容性应比较强，能将展品的特性纳入其中。这不乏是对策展者在展览初期一项特别的考验。

技巧：主题的确定方法没有过多的捷径可言，主要可通过以下途径获得。

（1）浏览各类展览。

（2）阅读书籍。

（3）查阅网站。

（4）实地探访有关科技公司、设计公司等。

（5）与科技人员、一线设计师等交流。

以上诸项的核心是要求策展者拥有一定的时代嗅觉，触碰社会发展的最前沿，从而在策划一场展览时才能事半功倍，思维顺势而开。因此，平时的不断积累对此阶段的工作会具有很好的促进作用。

此外，语言的表述能力在本环节中也会得到很好的锻炼，诠释展览主题时如何能将其深化、剖析其内涵，让观展者更好地理解策展团队地目标所向、所想所思，这需要一系列文字来进行解读。

经过反复思考、讨论，最终在众多的主题方案（图 5–1–1）中选择“D 语言”作为本届年展的主题（图 5–1–2），主要原因有以下 3 点。

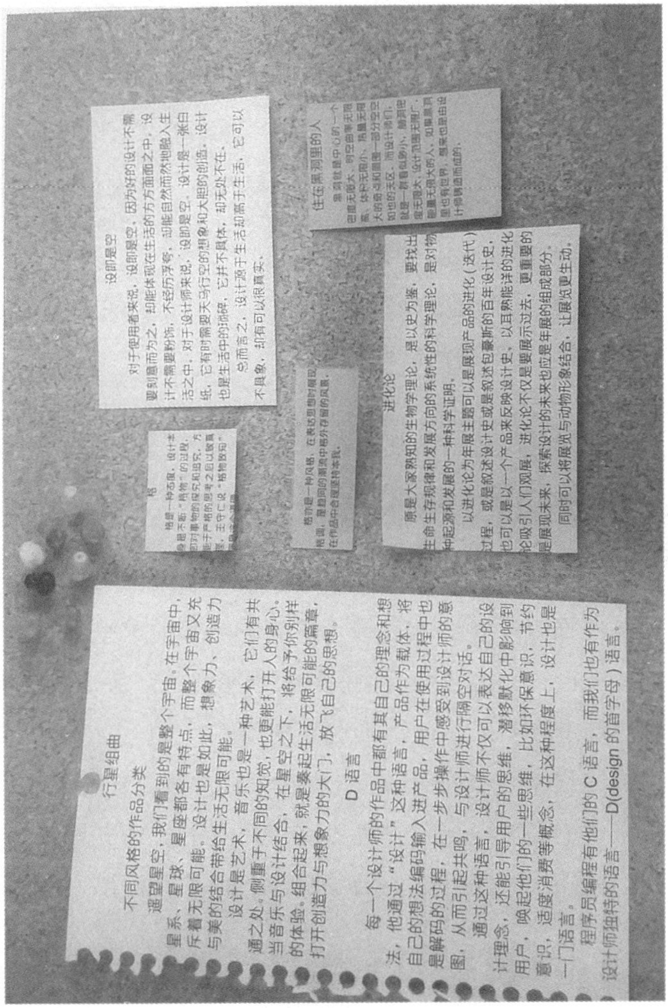


**图 5–1–1　年展的主题的初期探索**

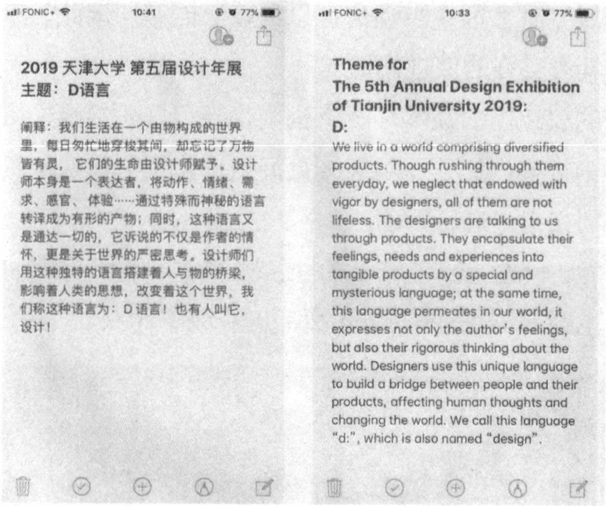


图 5-1-2 第五届设计年展主题阐释（中英文）

（1）主题词精练，易于上口和记忆。

（2）阐释内容丰富，能包容展览内容。

（3）与设计联通，有较突出的时代感。

# 第二节 展览规划与主视觉设计

工作小组：设计组。

主视觉设计是继展览主题确定后最为重要的环节，其呈现决定了后续展览中各类视觉元素的表现形式，如展场板块设计、展板设计、手册及各类周边产品等。因此，主题确定后的下一步工作就是确定主视角。

技巧：从展览的整体工作流程来看，视觉设计和展览规划是可以同步进行的。因为展览规划更重要的是整场展览在思维和逻辑上的表达和展览内容的诠释，待主视觉设计确定后，即可以与确定的展览整体思路并行向前，对展场中各接触点进行实际的视觉设计。

## 一、主视觉设计的思路与调整

如图 5-2-1 所示，在设计初期，设计师需要有一定的头脑风暴过程，即围绕“D 语言”这一主题进行一系列的视觉创意。现在头脑风暴的模式更多的是团队中每个人都投入思考，避免把初期的设计工作集中在少数人身上。

图 5-2-1　初期设计方案

在进行视觉设计的过程中，设计组成员经过多次、反复联想和讨论，最初设计的思路仅在设计组范围内进行讨论，最终选出如图 5-2-2 和图 5-2-3 所示作为基础方案。

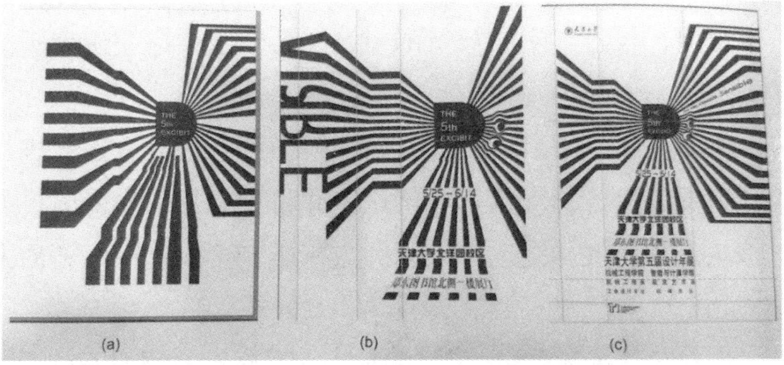


图 5-2-2　初期设计方案一及其发散方案

(a) (b) (c)

**图 5–2–3　初期设计方案二及其发散方案**

方案一：以点、线为基础进行设计，选用平面构成中的发射元素作为主要表现形式；设计元素围绕“D”字母展开，中心部分是较为明显的“D”轮廓以及发射构成中所暗含的“D”轮廓。

方案整体视觉冲击力强，但对主题的突出较为直白，不够深入含蓄，虽然在后续的方案中进行了一定的修改，并加入展览的相关信息，但一直没有提升“D语言”这个核心所带来的高度。

方案二：以点作为基础进行设计，对每个“D 字母点”进行变化，体现出一定的创意性，从特别的角度突出“D 语言”的核心，即设计丰富多彩的表达形式，如图 5–2–3（a）。

整体方案色彩鲜艳，有视觉吸引力，但对于“D 字母点”缺乏恰当的组织各“点”之间的关系不明确，不便于理解核心主题。虽然方案在此意见基础上进行了一些修改，即对“D 点”元素适当增加并构建一定的组织关系，或对“D 点”单元素进行突出等，但对于表达展览的主题，其信息传递明确度不够高，如图 5–2–3（b）（c）。

在这两个方案不断修改后，设计组始终找不到合适的表达方式。于是返回到初始的设计方案，进行再次筛选和讨论，并将讨论征集的范围扩大到全体策展团队，思维重新被拓展。经过一系列的分析后，再次选择了新的方向，即方案三。

方案三：此方案以多态字母“D”为核心，虽然第一眼看不能马上捕捉到关键点，但细心观察即可感受到其中的内涵，对形态再塑造能使整体内容更突出，因此具有一定的发展空间。

在此思路基础上，设计组在反复修改过程中主要进行了以下两点尝试和调整。

（1）调整切割字母“D”的元素形态。分析并挑选原始方案中有代表性的元素，从中寻找到一定的形态表达规律，如箭头、波浪线、单斜线、群体排列约斜线等对字母“D”产生的视觉变化，尝试逐渐化解、合并到一些基础形——圆、方、三角及其变形的形态身上，以这些元素对字母“D”进行切割，力求在最简单的几何图形基础上产生丰富多彩的变化。在各元素点确定的最后一步，突出一些切割图形的色彩和造型，将其聚焦在三原色及 3 个基础几何图形上，借此表达对包豪斯基础思想的认可和风格传承。

（2）字母“D”的排版布局。为使界面更丰满，结合展场实况，在确定的 29m × 7.7m 的画布上重新进行主视觉的排版编辑，加入展览的中英文主题以及时间、地点、主办单位等相关信息，使其在整体版面上形成了较为规整的信息区块。同时对所有的“D”点进行重新排版，确定横纵向“D”点数量。在最后协调整体的过程中，设计组还不遗余力地对信息区视觉中心进行位置比较，力求与展览现场悬挂主视觉的位置相吻合，以观众步入展场的行走路径去观察主视觉海报，为信息区域寻找到合适的视觉位置。

在视觉海报设计的探究过程中，设计组成员更多的是对核心主题表达以及视觉中心位置的不断尝试，二者叠加进行，理论与实践之间互相借鉴影响，最终呈现出较有设计感的效果。

## 二、主视觉的基础规范及图形表达规范

结合 VI 设计的理论，展览主视觉的应用需要制定基础的规范和辅助图形，以保证整场展览的统一性。

### （一）主视觉中标准字、标准色的规范

主视觉的核心字主要采用了 3 种字体，如图 5-2-4 所示，分别是文悦新青年体 W8 文悦后现代体 W4-75 和文悦后现代体 W2-75。

图 5-2-4　D 语言的核心字体

选择文悦新青年 W8 字体的原因主要是，此字体字母 D 的表达与图形 D 的轮廓相似，与主视觉整体协调度匹配；此字体较为粗犷，应用在主视觉中突出表达内容比较合适。另外，两种细一些的字体作为辅助字体，主要用于信息区域里其他内容的表达。

主视觉设计中除应用黑色外，还有作为点缀的红、黄、蓝三色。从视觉角度并没有使用纯色，适当对其进行了明暗调整，确定为如图 5–2–5 所示的 3 种色值。

图 5–2–5　主视觉的核心颜色

### （二）主视觉中图形“D”的表达规范

在确定核心字体的基础上，主视觉中出现最多的图形“D”也需要在其表达形式上作出规范（图 5–2–6），即通过标准图形——方、圆和线的共同构造，形成标准图形。

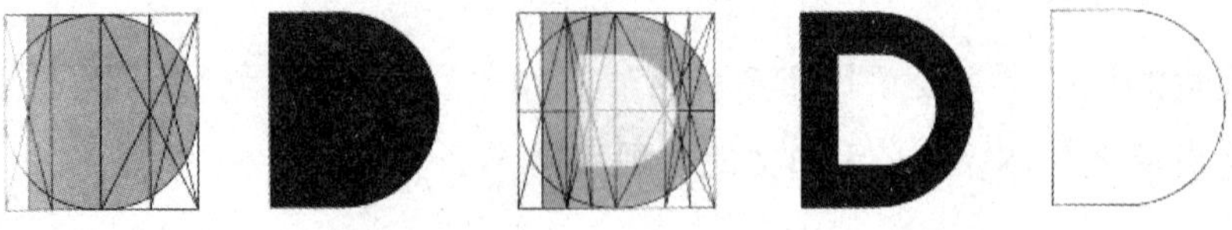

图 5–2–6　图形“D”的规范表达

### （三）主视觉图形平铺辅助手段

技巧：对基础元素图形进行平铺和复制是比较常见的，也是非常有效的引作辅助图形的手段。本次策划主视觉的核心为多态字母“D”，因此选择平铺的整体作为辅助图形之一，以便在各类视觉效果中应用。

技巧：辅助图形需要注意的是，在视觉效果的表达上不能过分突出，设计制作时将选取的图形“D”去掉中间的红、黄、蓝三色图形，仅保留纯黑色，以在后续使用中与其他内容相互搭配。

### （四）主视觉三色线辅助手段

在主视觉中主要的色彩为红、黄、蓝三色，因其本身为辅助元素，所以作为辅助图形时也不能过于突出。设计的三色线作为后续应用备选。

## 第三节　视觉设计在展场的实际应用

设计年展的举办场地为天津大学北洋园校区郑东图书馆北侧一层展厅，占地面积约为600m，呈L形，展场内设有一定的照明、电源、玻璃展柜、展壁等展览基础设施（如图5-3-1）。

图 5-3-1　展场空间

本节将结合展场规划，按照观展者的路线：入口处——（展场内部）各板块引板及展板模板设计、互动区——结束区，依次对各部分进行介绍。

## 一、展场空间规划与情绪引导

工作小组：策展组、文案组、设计组。

一般的设计展览要在主题确定后就开始围绕展品进行展场规划。每届展览的展品数量有限且多样，因此展场规划会面临选择困难，首先要对多种多样的产品进行归类，思考其在有限空间中的合理布局；其次要安排观展者行走的视觉动线，力求在展场的每个空间都能调动观展者的兴趣。

策展组从观展者的行走路线着眼，摆脱展览以往的 S 形走向，结合整个展场空间和照明特点进行空间规划，让每个空间都能有较好的呈现（如图 5–3–2）。在经过多次学习讨论后，策展组发现展品的质量、展场空间、照明条件等均能在一定程度上牵动人的情绪，为了使整场展览都能获得关注，避免视觉疲劳造成情绪低落点，展区结合展品内容在规划观展路线中制造了情绪兴奋点区域（如图 5–3–3），使观展者在行走过程中能随着区域展品的引导不断调动情绪。

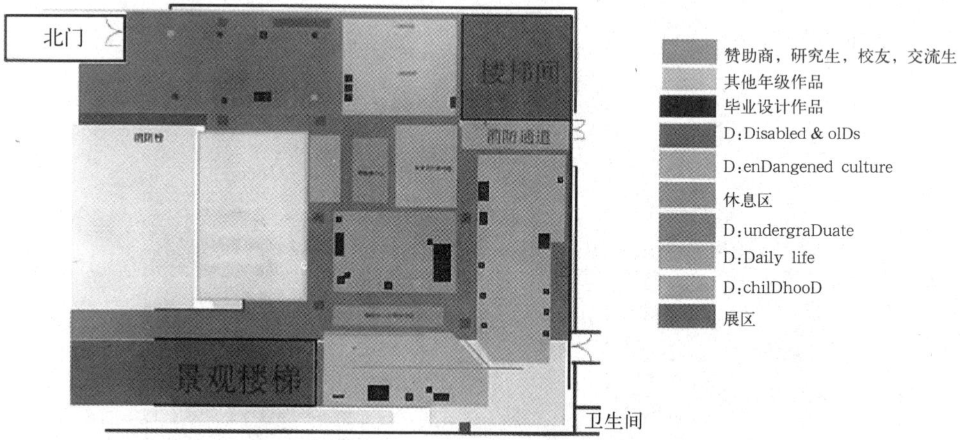


图 5–3–2　初期规划的部分方案图

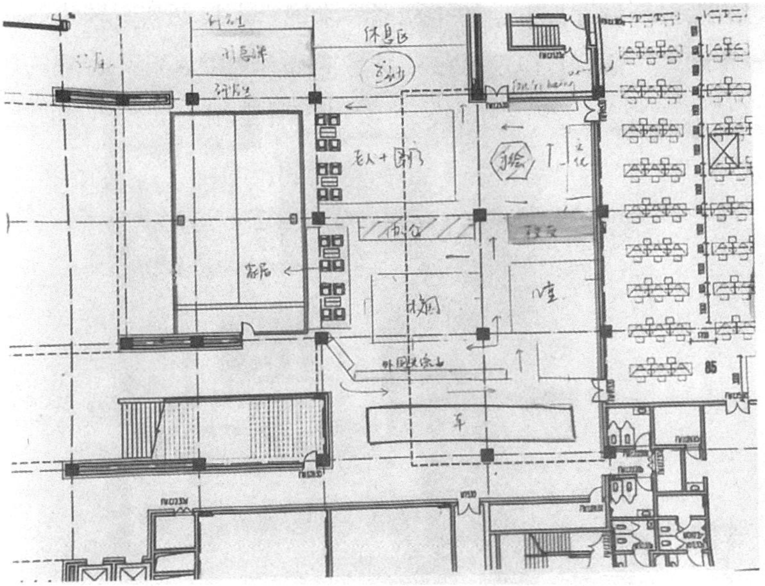

图 5–3–3　初期规划的部分方案图（续）

展区终版布局规划图充分利用了场内照明布局设置了大小不同的展区，每个展区集合了数量不等的板块，观展者依据观展动线而行，在浏览过程中会随着展示的内容牵动情绪。

文案组在规划图的基础上，对各板块中文名称进行了文案思考，力求精练、准确、流畅，富有含蓄、与时俱进的板块内容，如“构筑自由梦”“谐趣 996”等都是应当下的流行话题而生。为了呼应展览主题“D 语言”，文案策划还结合各板块的内容和中文名称，配备了以字母“D”开头的英文名称，使展览主题的表达得到实际的体现与升华。

依据主视觉的红、黄、蓝三原色，规划设计以渐变的形式为每个展区设置了独有的色块，以便于区分。据此，原版规划图在文案思考和色彩设计的基础上达到焕然一新的目的，使表达更加明确、更具设计感。

## 二、展览入口区域组成元素及价值

### （一）工作小组的构成

展览入口是集视觉冲击、展览信息获取、交流互动于一体的重要区域，其对于观美者的吸引是最直接的。对于观展者来说，入口处具有较为明确的物理接触点和人际接触点，他们可以明确展览区域布局，对展区产生宏观的认识，同时还可以与咨询人员交流、填写问卷，并索取与展览相关的信息和纪念品（如图5–3–4）。

图 5–3–4　展览入口处

1. 导引海报

尺寸：A1（841mm × 594mm）。

材质：157g 铜版纸。

工艺：喷绘。

导引海报如图 5–3–5 所示。

图 5–3–5　展览入口处的导引海报

导引海报有着顾名思义的明确目的，即为观展者指向展览区域，是较为明显的物理接触点。郑东图书馆北侧一层的空间格局，为观展者提供了良好的主视觉位置判断，导引海报也起到了更明确的指明方向的辅助导引信息的作用。在海报的设计上，文案组主要使用了主视觉的核心图形，保证与文字信息视觉统一，并应用辅助图形作为指引箭头的构成要素。

2. 展览引言及区域介绍

尺寸：80cm × 180cm。

材质：写真布。

工艺：喷绘。

展示形式：门型展架。

展览引言及区域介绍如图 5–3–6 所示。

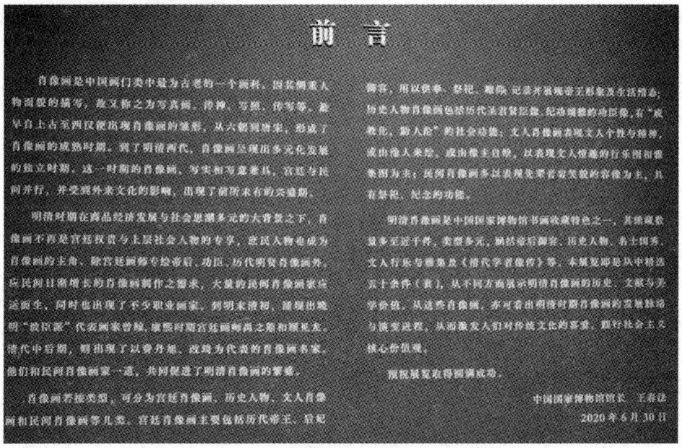


图 5–3–6　展览引言及区域介绍

展览引言区域包括展览前言、展览介绍、主题介绍以及展场区域概览，除表达欢迎之意外，还清楚地表明观展者已经正式踏入展览范围，初步获悉在此次展览中可以了解和看到的内容。

在版面的设计上，展览前言和介绍均以文字为主，主要应用主视觉中的图形元素和规定的辅助图形。对于展览的主要板块介绍，依据规划平面图中确定的板块色彩，采用简单的九宫格排版，内容一目了然，在板块介绍下方配以辅助的平面图，让观展者对展区总体产生先入为主的认识。

3. 展览主视觉

尺寸：2.9m × 7.7m。

材质：写真布。

工艺：喷绘。

展示形式：吊装展示。

主视觉海报是展览的核心视觉形象，其尺寸主要依据图书馆场地条件，三层桥廊吊装而下的位置决定了其高度和宽度。主视觉悬挂位置非常明显，观展者入图书馆后进入中厅即可见到。主视觉海报因其宽大的面幅带来冲击力，可以让人充分感受到一场视觉和设计盛宴即将到来的兴奋感。

4.接待台交流

接待台区域是主要的信息获取途径，通过物理接触点（纸质媒介）和人际接触点（咨询人员），观展者可以更多地了解展览的内容。

观展者的需求，包括展览手册、导视卡、纪念品及展览问卷。

### （二）展览手册特征及内容

尺寸：B5（257mm×182mm）。

材质：封面157g哑光纸，内页120g哑粉纸。

工艺：双面彩印。

本届展览增添了大部分作品简介及设计者简介的内容，这样的手册有利于保护展品的版权，说明官方媒介对外宣布设计品的归属，在一定程度上能够防止对优秀设计品的抄袭和仿制，同时也是对步入设计门槛的未来“设计师”的精神鼓励和支持。

手册的封面设计也同时遵循主视觉的核心元素，其内容的设计主要依据展览内部各板块进行章节划分，其间对每个作品分别进行介绍。各板块色彩使用在规划平面图中规定的渐变色。

### （三）导视卡特征及内容

尺寸：105mm×260mm。

材质：150g哑光白卡纸。

工艺：双面彩印。

准确地说，导视卡就是一张带领观展者入场的基础信息说明，作为移动的物理接触点，在展场中可以随时参考，以熟悉展览主题和展区规划布局。它的背面采用了以文字为主的设计，而主面除了沿用主视觉和辅助图形，还加入了展览主题的中英文介绍和工业设计专业二维码，这个辅助的数字接触点，将扩大专业介绍和信息的宣传空间，获得更多人的关注。本次导视卡的设计有较新颖的地方，就是可以借助卡体上方的空洞进行悬挂，这也为导视卡提供了除平面放置外的分发途径，可以让观展者在站立时的平视视线范围内更轻易地获取到。

### （四）纪念宣传品文化 T 恤设计思路及价值

尺寸：S、M、L、XL、XXL、XXXL、XXXXL。

文化 T 恤衫作为年展工作者的统一服饰，增加了参与者的团队精神和凝聚力，也增加了成功举办设计展的自豪感。此外，其宣传性和导视性较强。这种人际接触物理点除在接待台可以触碰到外，还可以在展场范围内触碰到，它们也是游动的接触点。

文化 T 恤衫的主要设计思路同样是运用展览主视觉中的部分图形，外观简单大方，背面为赞助公司以及工业设计专业 Logo。

### （五）信息反馈问卷展览

为了把举办校内展览作为教学实践的过程，作为课程学习的延续，让策展团队更好地感受展览在观展者心目中的印象，并产生的实际效果，信息的反馈是不可缺少的部分。问卷对象为前来参观的在校学生、在校教师、企业和校外人员。问卷的内容涉及展览形式、展览内容、展览宣传等多方面。

### （六）加深印象的观展者兴趣礼品

为了让观展者对本次展览留有较长的印记，除了导视卡，还配制了纸胶带、胸针、明信片等 V 产品作为展览的小礼物供挑选。它们拥有共同的视觉特点，即对主视觉的重复以及辅助图形的使用，当观展者接触到这些物理触点时，会加深对展览产生的记忆和印象，通过对这些触点感知的积累，从而形成对展览的完整认知。

## 三、板块引导触点与展板模板的设计要点

工作小组：策展组、设计组、文案组、布展组。

在重要的入口区域与各种物理接触点、人际接触点亲密接触后，就会进入正式的展览区域，展区布置见前期规划平面图，按观览顺序包含 12 个板块。各个

板块内容不尽相同，规划时分别配以不同的图形、颜色和中英文介绍等加以展示，为保持展览的统一形象，展品与不同板块配套，展板模板设计也顺势而生，这将为参展者的展位设计奠定基础。

如图 5–3–7 所示，经过初期确认平面图时对文案的斟酌，各板块的中英文名称确认后，依据“翻译”所表达的形态意向，在主视觉海报中分别寻找与其相符的首字母图形作为板块的代表图形，结合各板块特有的渐变色文字，形成各板块专属 Logo。

图 5–3–7　展览 12 个板块的 Logo

### （一）各板块引导触点

图形 D 尺寸：84cm × 96cm。

导视文案尺寸：85cm × 95cm。

材质工艺：木塑板、UV 喷绘。

展区中在主要的 8 个板块起始位置悬挂的板块代表图形及文案解读，作为每个板块的起始物理接触点，引导观展者继续向前。

### （二）各板块展板模板及设计思路

展板尺寸：90cm × 120cm。

材质工艺：写真布、UV 喷绘。

标签尺寸：120mm × 80mm。

标签材质工艺：KT 板，喷绘。

图 5–3–8 展示了展览现场的场景。

图 5–3–8　展览现场

作为设计展览，展板是用来展示和阐释作品的最直接媒介，信息量之大，需要一定的空间供参展者来表述，同时它更是展览中视觉统一的重要一环。技巧、观展者即是通过不断的视觉重复来产生对展览认知的积累，从而形成对整场展览的认知。

技巧展板模板设计的主要原则有以下 5 个。

（1）版头和版尾，主视觉图形元素或辅助图形的重复应用。

（2）展览重要的信息内容展示（位置依据设计而定），如展览名称、主办单位重要的 Logo 等。

（3）统一的文字排版格式，包括字体、字号、行间距的统一，但不对除大标题以外的文字位置作要求，排版可任由参展者自己发挥。

（4）展板组板，即一组为两张或两张以上连续展板，需要考虑展板的连续性。

（5）板块 Logo 的呈现，标签模板设计的原则与展板模板相似，但由于平面空间有限，还要在设计时对版面的元素进行压缩。

## 四、展览互动区域中的视觉设计

工作小组：策展组、设计组、文案组、布展组。

在展览规划的环节中，为展场安排互动区域，有利于促进展品设计者与展者的交流。在展场中设置一定面积的互动区不仅能缓解观展者在观展过程中的疲累，还有利于再次调动他们的观展积极性。更重要的是，为人与人之间的交流提供了空间。还可以在交流区设置留言簿或进行相关企业宣传等，这是在展览中相对自由的区域（如图 5–3–9）。

图 5–3–9　互动区现场

印章有 3 种，如图 5–3–10 所示

尺寸：5.8cm × 5.8cm。

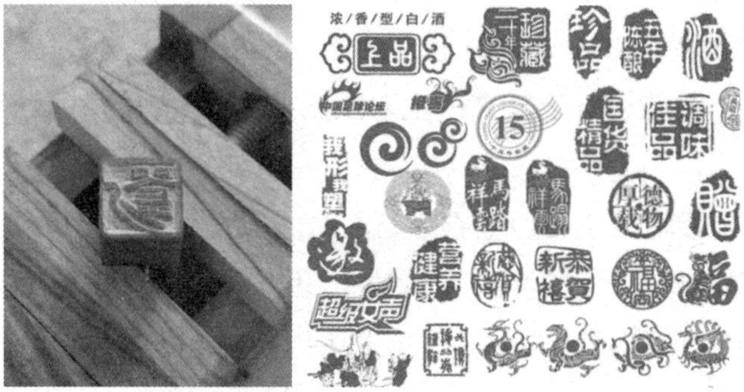

图 5–3–10　印章及设计图案

年展印章的设计图案挑选了 3 个以群线、群圆形以及群三角形对字母“D”进行切割的图形，与胸针的单图形切割相对。其主要目的在于主视觉元素在整场展览中不断重复。

尺寸：A4（210mm × 297mm）。

材质工艺：105g 哑粉纸、环装数码打印。

作用：记录展览的感想，表达对年展的喜爱，反馈意见，盖章签到，留言簿是一个不需要用言语交流的活动方式。

其设计较为简单，需要为观展者留出充分的空间进行记录。

## 五、展览结束区域的视觉设计

工作小组：策展组、设计组、文案组、布展组。

展览结束区的作用主要在于对整场展览的简短小结和为展览辛勤付出的人员

进行记录。一场展览的完美呈现，离不开所有工作人员的共同努力，所有参与人员均是在参与的过程中边学、边做、边成长。

结语展板的文案和设计均应与“前言”呼应，使展览有始有终。

## 第四节　展览中的服务视觉设计

### 一、视觉识别系统设计在展览中的应用实践

VI 即 Visual　Identity，通译为视觉识别系统，是 CI 系统最具传播力和感染力的部分，是将 CI 的非可视内容转化为静态的视觉识别符号，以无比丰富多样的应用形式，在最为广泛的层面上，进行最直接的传播。设计到位、实施科学的视觉识别系统，是传播企业经营理念、建立企业知名度、塑造企业形象的快速便捷途径。VI 设计，全称为“视觉形象识别系统设计”，分为企业形象设计和品牌形象设计。VI 设计是企业树品牌必须做的基础工作。它使企业的形象高度统一，使企业的视觉传播资源得到充分利用，达到最理想的品牌传播效果。中小企业或没有自有品牌的企业基本上都是合二为一的。VI 是以标志、标准字、标准色为核心展开的完整的、系统的视觉表达体系。将企业理念、企业文化、服务内容、企业规范等抽象概念转换为具体符号，塑造出独特的企业形象。在 CI 设计中，视觉识别设计（VI）最具传播力和感染力，最容易被公众接受，具有重要意义。在品牌营销的时代背景下，对于企业而言，没有 VI 意味着它将未出世就已经被埋没在泱泱商海里。

随着会展经济的迅速发展，会展产业成为地方经济发展的加速器，促进了展览会优化组合的进程。展览会由政府主导和支持逐步走向政府引导，民营企业成为众多品牌展览会的组织者，在展览业发展中扮演着重要的角色，全国的展览会数量逐年上升，国际化、专业化和市场化程度明显有所提高。然而形成的专业品牌展览却不多见，重复办展情况泛滥。

近年来，各种展览会百花齐放。展览品牌的创建和区分不明显，展览会品牌定位和战略不突出，对于消费者来说，似乎有些审美疲劳。而一些企业忙于参展，在产品创新上的突破也不明显，展览会选题雷同、重复办展、规模偏小、品牌影

响力低等现象较为普遍，精力有限的参展商和参观者普遍感觉疲于奔命。另外，很多展览会参展价格高，再加上人力物力等成本，一些企业也就不再愿意频繁参展了。所以，展览会不在多而在精，因而VI战略对于展览会的运营和品牌的推广具有举足轻重的意义。

通常主办方旗下不止一个展览会，主办方和展览会的视觉识别是有所区分的。如广东鸿威国际会展集团有限公司，旗下就有数十个具有影响力的国际性系列大型展会，诸如“国际休闲娱乐产业博览会”“国际市政装备博览会”“国际美好人居及园林景观博览会”“国际住宅产业博览会”“国际新能源产业博览会”“国际游戏游艺博览交易会”“中国青少年成长博览会”“文化节创意产业”“博览会”“动漫游戏博览会”“海陆空盛筵暨国际游艇、房车、飞机博览会”以及“南非国际休闲娱乐及商业博览会”等等，每个展览会都有独立的识别形象系统。展览会VI分为展览会视觉基本要素系统设计和展览会应用要素的系统设计两大部分，也是展览会品牌形象设计的重要组成部分。展览会VI的核心为会徽，会徽代表着展览会的品牌形象、理念和内涵。

由标志、中英文标准字及标准色，全、简称的称谓规范，中、英文转换规范象征图形、禁用规范等构成，他们是整个标识信息和形象识别的核心，由此确立了展览会对外的视觉形象。基本要素设计一经确立，即应遵照执行，不容轻易变更修改。因此，所有有关展会的标识应用与表现，均应严格遵循设计规范的使用方法，以树立完整统一的展览会形象。展览会中VI设计则包含如下三种要素。

（1）有关证件：胸卡（胸牌），类别包括行政、管理、作业、访客等；出入证（人员类、车辆类）、工作证、代表证、会务工作证。

（2）通信用品：信笺（便笺纸）、信纸；信封（国内、国际信封，大、中、小类别）；文头纸、稿纸、传真纸；预订单（出展、装展、撤展等）；文件夹（文件袋、档案袋）；笔记本、签字笔。

（3）外部使用物品：门票、送票单、票袋、票夹；包装用品，如包装纸、包装箱、透明胶带等；

内部流通的相关票据、账表系列。

（4）应用部分——（礼仪用品系列）：

礼品系列包装，如大小礼品袋、大小礼品盒、大小礼品包；礼品伞、礼品帽、礼品衫、纪念章（徽章）、胸针、打火机、皮带、钥匙扣、吉祥物及标志礼品等；礼仪信封、请柬；茶杯、口杯、杯托。

在视觉设计中，VI 系统设计认知基础知识较为传统，也是设计方法一直沿用至今的一类视觉设计，始终举足轻重。随着时代的发展，VI 设计的基础理论变化不大，但是其应用范围越来越广，表现形式越来越多样化。

展览有大量运用 VI 设计方法的视觉设计，无论在展前、展中还是展后，通过统一的视觉让观展者对展览产生记忆，是展览的一种表达手段。无论是何种展览，一套视觉设计都让展览拥有曾经存在的印记。

因此，展览是 VI 视觉设计方法最佳的实践应用场景之一，一套好的 VI 视觉对一场展览的影响是持久性的。

## 二、视觉服务设计的核心思想

“以人为中心”是服务设计关注的核心思想，展场中的视觉设计均是围绕“人”产生的。这是对于该届展览的用户旅程地图分析，不难发现诸多的交互行为点均是围绕视觉设计而产生的，如展览中设置物理接触点（如导引海报、主视觉、导视卡、手册、板块文案及引板展板的设计等）、人际接触点（如接待台、互动交流区等）等，均是为了吸引观展者对此展览产生视觉、听觉、触觉等生理反应，以此来调动人的情绪，带动人的情感输出。如观展者随着观展过程的推进，对展览内容产生赞同、讨论、怀疑、分析、厌恶等多项行为，其中有一部分是由于其视觉带给人的影响，也可以说是视觉设计让人产生了多种多样的情绪反应。

我国最早提出“以人为本”的思想可以追溯到春秋战国时期著名的政治家管仲对齐桓公陈述霸王之业的言论。文中所说“失霸王之所始也，以人为本，本理则固，本乱则国危”，意为霸王事业之所以能有坚实的开端，是因为以人民为根本，把人民作为根本国家才能巩固，否则国家定会危亡。中世纪欧洲发起的文艺复兴运动主张以人为本的理念，并先后出现了人文主义、人道主义及人本主义思潮，人们主张个性解放、肯定人们的权利。随着文艺复兴运动达到鼎盛时期，以人为本的思想逐渐深入人心，使人们的生活得到了巨大的改变。在春秋时期，老子也曾发表过“天人合一”的思想，旨在人们安定、祥和，能如原始社会初期一样与天地万物相互融合，去除其中消极的思想后，这与自然和谐相处和以人为本的观念是有关系的，只是我们应该使眼光具有前瞻性，在当今科学技术飞速发展的时代，以人为本的理念就更为重要了。

所谓以人为本，简单地说，就是以人为中心，以人为根本。设计中的以人为本人理念，是指设计师创造产品时需考虑人的情感，一切从人出发，以人为中心，使产品能更好地与人沟通，便于人们了解与使用。在视觉传达设计中，设计师不仅需要满足人们的精神和情感需要，而且要使设计的作品更加有效地传达信息，使产品不单功能完备还能实现其实用价值。在这样的要求下，设计师必须关注人性，只有这样才能去打动消费者，真正做到无微不至，从而使设计产品更好的得到推销。以人为本的设计理念使我们当今设计的主题。设计承担了对人们身心慰藉的重任。年轻的消费者购买产品大多数是为了凸显自己的个性和展现自己的青春活力；年壮的消费者是为了展现自己的品位和展示成熟与自我成就感；年老的消费者则怀着一股怀旧感和饱经沧桑的平静感，老年人心理稳定程度高，追求方便实用与实惠，比较注重实际，因此他们往往会多家选择，充分考虑各种因素，从而购买令自己满意的商品。所有设计其实都是本着以人为本的思想、围绕人的需求展开的，在平面设计中也不例外。“人性化设计”一词早就被人们所熟悉，并逐渐形成一股设计的新潮流，这一潮流到现在已经变成了设计的一种必然趋势。人性化设计表现为：追求产品的趣味性、娱乐性，满足人们深层次的精神文化需求，追求更适合人体结构的造型形式。人与物完美的结合从而产生了人性化设计，除了在使用功能和审美功能上的体现，还反映在人文关怀、民族传统等层面。美国设计家普罗斯说过：“人们总以为设计有三维：美学、技术和经济，然而更重要的是第四维：人性。”

设计是伴随着人类生活的出现而产生和发展的。以认为本的设计理念是为了满足人们某种需要而对设计对象开展的有目的的创造活动。

1. 设计与文化的和谐

我国历史悠久，每个地域、每个民族都有其独特的文化背景，如果脱离这种背景去设计，设计就会在精神上被孤立。设计与文化相互影响、相辅相成。从实践来看，设计应当适应文化，因为脱离了文化的设计产物是无法被人们所接受的，而文化又是设计的产物，纵观设计的历史不难发现，设计在一定程度上也改变着人们的生活。如包豪斯院校提出的“由繁至简”影响着建筑设计、工业设计以及视觉传达设计等领域，我们的生活也因为这些设计变得简化和有趣。

2．设计与宗教的共生

现代设计源于欧洲，同时也源于欧洲的艺术和工业大生产的糅合。世界上很多高端的艺术都源于宗教，如文艺复兴时期的教堂壁画及中国敦煌的壁画等。最高尚的艺术源于信仰和自我的人性释放，因此设计为了满足大众审美需求必然进入以人为本的阶段。佛教是世界三大宗教之一，它起源于印度主要流行在亚洲地区。藏传佛教经过了在中国若干年的吸收、融合、发展和变化，如今已经发展为极具中国特色的藏传佛教的装饰艺术。藏传佛教通过许多艺术形式、艺术手法来反映现实生活，无论是与佛教教义相关还是纯粹装饰的目的，佛教装饰纹样，都使得设计作品成为代表本民族文化和传统艺术风格的突破口，都为现代平面设计增加了新设计元素。如今流行的装饰图案也是为满足人们个人的需求而产生并发展的一种装饰纹样，而这种装饰艺术对于现代平面设计启示更需要我们在实践中用心体会。人类按照自己的需要去改变一件事物是为了更好地服务于生活。因此从某种意义上说，人类每一次改变事物的现状都可以称之为设计。设计能够体现人的思想并创造出合理的生活服务对象，设计的完成是人类合理规划的范畴。“以人为本”的设计理念，是客观决定的必然。由于人的个体化差异，如人的地域、年龄、受教育程度、人的需求、价值观的多元化等原因，使得不同的人对“以人为本”这一概念的理解不尽相同，这就需要设计师正确理解“以人为本”的设计理念并加以区分。同时这种“以人为本”的需求又分为客观需求和主观需求两种。不论在建筑设计还是在视觉传达设计中，客户所传达的需求有时是设计案例所依托的实体必须存在的理由，如包装设计必须依附色彩和结构，建筑设计必须依附材料和空间划分，这些都是客观需求。但往往设计师在满足基本的物质需求后还要考虑客户个人在宗教等精神层面的设计中“以人为本”的意识，设计中的任何目的与结果都不单单是直接性的为人服务或完全以人的“需求”为中心的，而是从设计目的和设计需求的复杂性和多层次性的角度进行分析。无论是直接还是间接性地满足对象需求，在设计目的结构中，最终都会落实到对人的某种需求的分析与满足上去，最终都会以人类的“存在需求”为中心。

3．“以人为本”设计理念所解决的设计中存在的问题

“大道至简”的包豪斯美学标准至今影响了很多伟人，比如乔布斯认为，简

约化设计的一个核心要素就是让人能直观地感觉到它的简单易用。设计上的简单并不总能带来操作上的简易。有时候，设计得太漂亮、太简化，用户用起来反而不会那么得心应手。例如，某科技产品无论在产品的外观还是界面设计上都遵循了“从简”的理念，但是我们不难发现，其产品并没有因为简化而给操作带来麻烦。反观当下很多的设计作品一味追求形式而忽略了包装设计的基本保护功能，这种设计实际是一种资源的浪费。一些极端的形式主义者认为形式是设计的全部，因为形式是决定消费者购买力的主要因素。但是他们只看重形式却忽略了功能的重要性，因此反观“以人为本”的设计理念能在设计中及时纠正形式主义错误，重新建立起设计带给人们的便利。我们现在所推崇的“以人为本设计理念”，当然也不应只注重产品功能而忽略或轻视产品外形，而应该从设计的原始目的也就是人的需求这种深层次的元素出发，对设计的各种层面、各种含义进行分析和研究。设计者在分析对象的需求时，要兼顾物质和精神的双层需求，要有人与物和谐共存的意识，同时在设计的过程中加入人与自然的和谐等要素，能真正做到“设计为人”。一方面，要将设计品与人类划为一个生存空间进行思考，形成一个人化的世界；另一方面，人的客观需求和主管情感等因素，又必须借助一定的物质形式作为载体进行表达。脱离了人的设计是不可能存在的，设计最终要打动人心和体现出人性。

一套优秀的以人为中心的视觉设计会让人回味，赞其巧妙与精良，谈其细节与导引，无论赞还是谈，都希望策划者一直围绕为人服务、以人为中心的思想来进行设计，这也是展览成功的关键之一。

## 三、展览设计中的设计思维思考

在本届设计年展的筹备和实施阶段，参与者经历了多次的“探索——创造—反思—执行”的思考路径，这是学习实施展览设计过程的必备途径。如在主视觉设计方案初期，采用发散思维—聚焦设计—思考内涵模式；在进行展览搭建过程中，现场有很多小细节是提前预想不到的，需要返回最初的设计方案进一步思考其应用场景，再去正式执行。

一场成功的展览，其间要不断“返场”、不断思考、不断实践检验，才能收获较为满意的效果，享受学习—实践—再学习—再提高的快乐。

# 第六章　服务设计在不同领域的发展与未来

本章主要介绍了服务设计在不同领域的发展现状，具体阐述了服务设计在设计教育领域的应用与发展、服务设计在设计行业的实际进展以及服务设计的未来发展。

## 第一节　设计教育领域中服务设计的应用与发展

1991年，德国科隆国际设计学院（Köln International School of Design，KISD）最早在全球开设服务设计课程。到今天，全球有几十所学校引入服务设计课程、服务设计专业或研究方向。在国外院校中，美国萨凡纳艺术与设计学院（Savannah College of Art and Design）、瑞典斯德哥尔摩大学（Stockholm University）、德国霍夫应用技术大学（Hof University of Applied Sciences）、韩国延世大学（Yonsei Universily）、美国纽约帕森斯设计学院（Parsons the New School of Design）、希腊爱琴大学（University of the Aegean）等6所学校在本科教育中开设了服务设计专业。全球能授予服务设计硕士学位的设计院校有超过20家，其中著名的有英国皇家艺术学院（Royal College of Art）、伦敦传媒学院（London College of Communication）、普利茅斯大学（University of Plymouth）、雷文斯本设计与传播学院（Ravensbourne college of Design and Communication）、兰卡斯特大学（Lancaster University）、邓迪大学（University Of Dundee），意大利米兰理工大学（Politecnico di Milano）和多姆斯设计学院（Domus Academy），美国卡内基·梅隆大学（Carnegie Mellon University）和萨凡纳艺术与设计学院（Savannah College of Art and Design）；瑞典林雪平大学（Linköpings University），挪威奥斯陆建筑与设计学院（Oslo School of Architecture and Design），芬兰阿尔托大学（Aalto

University），丹麦奥尔堡大学（Aalborg University），日本东京工业技术高研所（Advanced Institute of Technology），瑞士卢塞恩应用科学与艺术大学（Lucerne University of Applied Sciences and Arts），德国科隆国际设计学院（Köln International School of Design，KISD）等。部分学校服务设计课程特点如表 6–1–1 所示。

**表 6–1–1　服务设计课程特点**

| 学校名称 | 课程名称 | 课程特点 | 作业案例 |
|---|---|---|---|
| 意大利米兰理工大学（Politecnico di Milano） | MSC 产品服务体系 | 该课程的开设目标是培养高素质的设计师，能够承担国际背景下产品服务系统的设计职责。既要能融合盈利和非营利实体——企业、机构、协会等所使用的产品、传播战略、服务和空间，又要能以整体形式向相关市场表达自我。其基本教育目标是提供广泛的各类设计工具，传授适当的技能，以整体方式有创造力地管理产品、服务、事件及传播战略。产品服务系统设计的毕业生通常在设计行业的公司及研究机构中工作，在传播和咨询公司中任职。职位可能包括产品设计师、室内设计师、传播设计师、服务设计师品牌设计师、企业协调员、趋势分析师、艺术指导等 | Rinnovamil Skin Your Furniture We–picnic 服务 |
| 德国科隆国际设计学院（Köln International School of Design，KISD） | 服务设计 | 学院认为服务设计将服务当作系统化开发的产物来看待，最终亦将形成具体化的产品。相对具体的产品关注的是功能和形式的设计，服务设计则是无形的产品，重点关注的是服务本身。服务设计关乎创新与发展，关乎以用户为导向的策略。目前，学院在与西门子等德国知名企业的合作中，正将服务设计的理念不断完善发展 | |
| 芬兰阿尔托大学（Aalro University） | 服务设计与工程专业（SDE） | 该专业是最前沿的信息技术和计算机科学教育，同时也涵盖了广泛的产业合作领域。SDE 的硕士课程着重新业务方向和企业发展研究，为期两年的计划以服务发展、企业风险投资和科技管理为重点，所有学生都已参与实际案例研究，或者自己启动项目 | |

（续表）

| 学校名称 | 课程名称 | 课程特点 | 作业案例 |
|---|---|---|---|
| 英国皇家艺术学院（Royal College of Arts） | 服务设计 | 皇家艺术学院服务设计专业设立了两年的研究生和博士后课程，学生都沉浸在RCA独特的跨学科的环境中，在接受设计教育的同时自然而然地成为服务设计专家。通过传授学生使用最新的工具和一系列设计技术，并通过其研究活动，开拓发展新模式下的服务创新，检验着设计如何去改变服务的体验和价值。授课形式一般以小组为单位，结合讲座研讨会和具体项目，以不同领域的公共服务、企业服务和消费者服务为方向，与大企业和公共服务部门一道去参与具体项目实施 | HEL.IX中心项目伦敦自行车网络 |
| 美国萨凡纳艺术与设计学院（Savannnh College of Art and Design） | BFA服务设计 | 服务设计师创造服务或服务系统，可使人们与品牌方、可持续消费提供者和社会进行交互 | |
| 日本千叶大学（Chiba University） | 2007年创立"高度设计教育项目——服务产品设计核心能力人才培养育成"（Service & Product Design，SPD）计划 | 这个项目组设在千叶大学工学研究科，汇集了不同研究室（产品设计、设计管理、人机工学、环境设计、设计文化）的优秀学生，以研发小组的形式完成各种服务产品设计相关的校企项目。项目的目标是培养具备服务产品设计技能的设计师和服务产品设计专业的教师。SPD项目的服务产品设计相关课程包括服务设计（Service Design）、服务设计战略（Service Design Strategy）、设计工程论（Design Engneering）、设计问题解决企划论（Desig Solution Planning）。<br>SPD的课程设置面向研究生与博士生，要求项目成员在完成学校规定的课程之外，参加SPD的新增课程，包括服务产品设计相关课程、演习和研究、企业实习、研究室作业 | 1.Connected Toy服务产品设计<br>2."ICU-kite"<br>3."Drawow" |

## 一、服务设计在意大利米兰理工大学的应用

### （一）个性化服务解决方案

个性化服务是一项旨在为需要翻新房子的用户提供具体的、参与性的、个性化的解决方案的服务。其服务内容：一份包含变化多端的颜色、图案、材质和款

式的目录；一份可选择的颜色、图案和图形的组合方案，包括设计师的协助及建议、专业工匠执行并实施服务、管理及实施流程的透明化设计、预算报价等等（如图 6—1—1、图 6—1—2）。

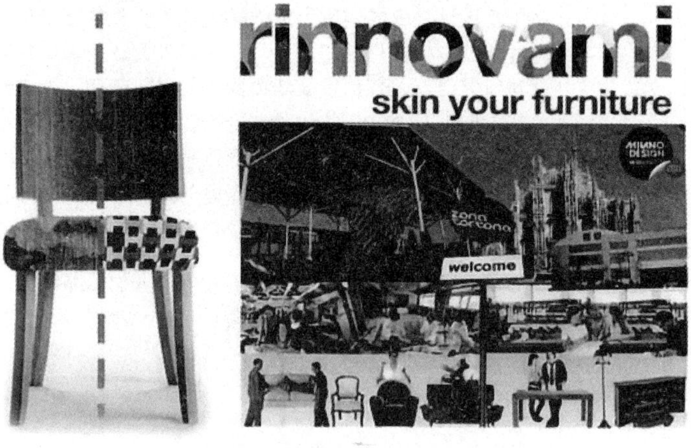


图 6—1—1　个性化服务解决方案的设计背景

图 6—1—2　个性化服务解决方案的服务推广

### （二）野餐服务策略对服务设计理念的应用

野餐服务策略是为 Cascina　Cappuccina 酒店旅客所设立的服务策略。陌生的酒店客人们自助寻找商业网点，在酒店周边的集市、农庄等购买新鲜的食物和饮料，然后在酒店提供的草坪及毯子上进行野餐活动，边享美食边交朋友，图 6-1-3、图 6-1-4。

图 6-1-3　野餐服务策略海报

图 6-1-4　野餐服务策略价值

## 二、服务设计在英国皇家艺术学院中的应用

### （一）跨学科设计模型 HELIX 中心项目

皇家艺术学院正计划与英国伦敦帝国学院合作推出一个开拓医疗保健创新设计中心（如图 6–1–5）。医疗保健创新交流中心（HELIX）将集合 RCA 的创造力和以用户为中心的设计专长与 ICL（人工晶体植入手术）的临床、工程和科学知识。改造 HELIX 中心，完善医疗保健，降低医疗保健服务成本，巩固英国作为医疗保健创新的全球商业枢纽声誉。这将最大限度地提高医疗保健研究水平，为国家和国际伙伴创造新的经济和社会影响。HELIX 中心建立在以前的 RCA/ICL 的合资企业——设计伦敦。设计伦敦的核心创新带来科学、技术、商业和设计集合在一个跨学科单元的模型，将在专科医疗环境来实现。在 RCA 和 ICL 之间的合作历史中已经产生了大量的学术刊物、国际奖项和创新设计为主导的产品和解决方案。医疗与保健是两者之间为期三年的研究项目。在 HELIX 中心，设计师、临床研究人员和外科医生的团队将一起工作，建立一种新型的医院床位、设备服务系统，共同降低医疗差错率。

图 6–1–5 HELIX 中心

大学和研究中心对英国的经济至关重要，HELIX 中心将受益于高等教育拨款委员会的 Catalyst 基金。政府也将对设计伦敦增加 5000 万英镑的资金，支持该教育机构与业界尖端的创新和研究项目，并帮助英国保持领先的地位。

### （二）服务设计在伦敦自行车网络中的应用

英国伦敦计划到 2026 年成为世界上最大的自行车城市，希望开辟新的自行

车路线设置，为市民提供安全、不拥堵的交通手段。该服务设计了三种路线，并能折叠起来放置于口袋之中，让骑自行车的人可以选择适合其特殊需求的旅程，可以在路线上找到各种服务的引导标志，如停车位及休息区等（如图 6–1–6 至图 6–1–8）。

图 6–1–6　伦敦自行车网络服务内容

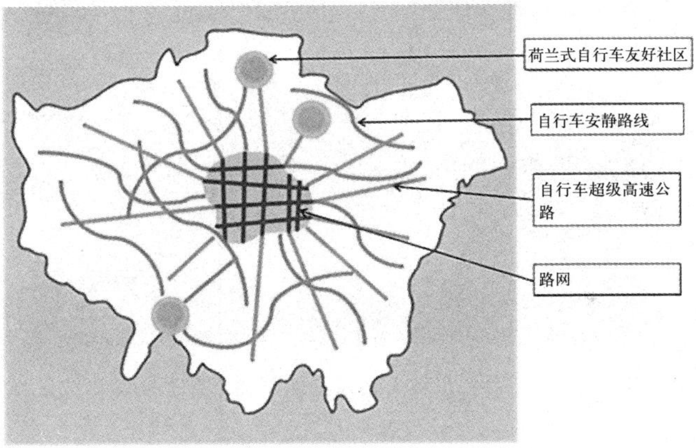


图 6–1–7　伦敦自行车网络服务路线图

图 6–1–8　伦敦自行车网络服务导航图

## 三、日本千叶大学服务设计教育的开展

### （一）Connected Toy 服务产品设计项目中的设计思维碰撞

由日本千叶大学、芬兰赫尔辛基艺术与设计大学、日本某通信产品制造商合作名为“Connected Toy”的服务设计工作坊，为 3～5 岁的儿童设计玩具。6 名千叶大学服务产品设计（Service Product Design，SPD）研究室的学生来到芬兰赫尔辛基艺术与设计大学，与当地 6 名学生在双方老师和该通信产品制造商会社的工作人员的指导下分成小组，在为期 5 天的相互学习中，同学们完成了市场调查、头脑风暴、设计方案、汇报阶段，感受到了来自不同地域的设计思维的碰撞（如图 6–1–9、图 6–1–10）。

图 6–1–9　工作坊的学生在听两方学校的教授和某通信产品制造商的工作人员的讲课

图 6–1–10　学生上街进行市场调查

### （二）ICU-kite 中的探究思维

孩子通常会感性地认知周围的事物，其独特的想象力、浓厚的兴趣和好奇心通常是超乎大人想象的。ICU-kite 是帮助孩子发挥探究力的产品，可以利用风筝的原理到达高处拍摄到孩子们看不见的事物，其还有和摄影共有的服务，可以记录照片拍摄的位置，生成孩子们拍摄出来的地貌地图，以此分享全球孩子拍摄的作品。

### （三）Drawow 中的想象思维

如果让孩子画出的图画动起来，他们应该会更开心吧。孩子画的图画被扫描进 Drawow 并进行图像分析，让图像以动画用投影的方式再现。Drawow 可以给孩子的画赋予生命，也可以让孩子的图画成为玩伴或者与别的孩子的图画产生交流。这样的游戏更能增加孩子们的想象力，促进孩子和同伴、家人之间的交流。

# 第二节　服务设计在设计行业的实际进展

本章节从服务设计公司、服务设计组织与协会和服务设计奖项这 3 个部分的内容介绍服务设计在目前设计行业中的发展与未来。

## 一、美国 IDEO 公司的服务设计理念

拥有敏锐的商业意识的 IDEO 最早可以追溯到 1978 年，是一家世界领先的屡获大奖的全球设计和商业创新咨询公司。IDEO 拥有 600 多名员工，来自行为科学、品牌战略、品牌体验、商业设计、沟通设计人因研究、工业设计、交互设计、结构工程、软件工程系统设计、企业组织、数字设计、电气工程、空间设计、食品科学、服务设计、医疗服务等不同领域的服务设计人员，专门设计商务模式、产品、服务和体验。通过以人为本的积极的设计创造，与各界领袖和变革先锋携手合作，观察人们的行为，揭示潜在需求，共同明确新的市场机会点，设计并推出创新型的产品服务、业务和品牌，创造更多的价值，并解决有意义的问题，帮助公共及私营部门打造创新文化，并为市场输送新的创意，提高持续创新能力。

IDEO 的服务设计理念：像设计师那样思考可以帮助企业转变产品、服务、

流程和战略的开发方式，这种设计思维方式综合考虑人的渴望需求、可行的技术以及盈利的商业模式，还可以帮助未经过设计专业培训的人运用创意工具来解决不同类型的问题。设计思维是一种极为注重人性的流程，调动人们都具备但为传统的问题解决方式所忽视的能力。设计思维依赖人的直觉能力、辨识能力、构建创意，以实现情感共鸣和实用功能，并通过文字或符号之外的方式来表达自我设计能力。仅凭借感觉、直觉和灵感是无法管理企业的，但过于依赖理性和分析也同样有风险。设计思维则是兼顾二者的第三条道路。设计思维的流程应视为一个由彼此重叠的空间构成的体系，而不是一串秩序井然的步骤。设计思维会经历 3 个空间：灵感、构思和实施。灵感是那些激发人们找寻解决方案的问题或机遇。构思是产生、发展和测试创意的过程，而实施则是将想法从项目阶段推向人们生活的路径。

IDEO 的所有工作都充分考虑了客户的能力和消费者需求。在重复流程获得最终解决方案的同时，也在不断评估、改进已有的设计。其目标是交付正确的、可执行的、具体的战略。带来的成果是建立在商业盈利和市场需求基础上的创新成长路径。

## 二、英国 livework 服务设计公司对服务设计重点的探讨

英国 livework 服务设计公司认为服务设计的重点在于提供给消费者能够打动其心、让其认为有价值的服务。因此，设计必须在一开始就以商业思维进行思考，为消费者或客户提供有价值的经验。消费者一定是核心观察及听取心声的对象，需要找到其与服务之间的关系，并画出相关的服务系统图。然后，将服务及商业设计的理念及方法应用到创新具体的消费者体验内容及故事情节之中，并保证这一消费体验可以成为卖点。

英国 livework 服务设计公司拥有设计、商业、策略等多专业人才，已有 400 个案例积累，并帮助创立了 service design network 以及全球顶尖院校的服务设计课程。在商业方面，英国 livelwork 服务设计公司聚焦于主要的商业趋势，如跨渠道影响组织及消费者的视觉因素或模式。公司从事 3 个方面的研究：消费者体验、服务体验、组织面临的挑战。

## 三、专注服务设计知识分享的全球服务设计联盟

全球服务设计联盟（Service Design Network，SDN）是为企业提供服务设计的专业机构，是专业人士之间开放的知识共享网络。通过国内和国际活动、在线和印刷出版物等途径，与众多的学术机构展开合作。SDN 欢迎所有服务专业设计人员以及有志于从事服务设计的学生与个人成为该网络成员，享受各种权益以及活动和工作的机会。

## 四、提倡服务设计地国际社会创新与可持续设计联盟

近年来，关于服务设计与社会创新的议题在国内外逐渐传播开来，并且成为设计界的热门话题之一。这得益于国际社会创新与可持续设计（DESIS）联盟等学术组织的推广，也反映了新的时代背景下产业和社会发展对设计提出的新要求。在国内，DESIS 中国联盟的院校在此方面做了一些探索，举办了一系列的交流活动，学术界对该领域的关注度持续提升。然而，这个新兴领域的探索刚刚开始，迫切需要更多的交流与合作来形成基本的学术共识以及学术圈，以推动该领域的发展。

## 五、跨学科服务设计理念交流的全球服务设计工作坊

全球服务设计工作坊（Global Service Jam）是一个世界范围的最新跨学科创意交流沙龙，是国际性的服务设计工作坊，每年会在各个国家地区展开活动，近年 Global Service Jam 来到了上海，活动汇集了不同专业背景、从事与服务设计相关工作的设计师和学生等，还有许多外国设计师参加，因此工作坊的交流语言为英语。在这里，设计师可以在 48 小时内通过设计思维方法、原型制作等最新的概念方法加入自身的行业领域，就当前商业或社会问题提出方案，并展示给相关专家，获得专业的指导。服务设计项目是围绕客户的真实需求展开的战略项目，能够简化复杂问题，聚焦未来，并保持成本意识，提出解决方案。其中运用的设计方法有深入的客户研究、协作构思、初步原型设计与测试工作坊成果。例如，“赞美中国手艺人”是为中国手艺人创造更多商业机会的服务设计，获得了 2012 年上海举办的 Global Service Jam 的最具商业潜力奖。在中国，有许多技

艺精湛、经验丰富的手工艺人，因为没有稳定的销路、手工艺品的价值不被市场认可等问题，其生活状况令人担忧。“赞美中国手艺人”将景区手工艺人的商店与游客的手机连接，游客在游览景区时可以通过手机查看附近手工艺人的商品和店铺的路线，提高了手工艺人的社会地位。

## 六、公正的设计评价与推荐奖项日本优良设计奖

日本优良设计奖（Good Design Award）创立于1957年，也是日本国内唯一综合性的设计评价与推荐制度，由日本工业设计促进协会（Japan Industrial Design Promotion Organization，JIDPO）建立，迄今已有近50年的历史。它是亚洲地区最具权威性及影响力的设计奖项，被公认为全世界三大工业产品设计奖项之一，素有“东方设计奥斯卡奖”之称。其代表性的G-Mark标志是优良设计产品的保证，得到了众多消费者的肯定与认同。获奖作品覆盖领域全面而广泛，既有有形的传统意义上的工业设计建筑、住宅设计，也有无形的应用程序、服务交互、商业模式等的广义设计。每一年的得奖作品中不乏优秀的服务设计案例。与服务设计相关的奖项设置有社会可持续奖、开拓创新奖、地域创造奖、未来创造奖、交互设计奖等。

服务设计代表获奖作品：

2012年获得优良设计大奖金奖的作品“云字体服务”是发送字体信息的网络服务。从前的网站设计者需要考虑网站所用的字体是否能被用户正常阅览，因为一旦设置了用户的电脑、手机、平板电脑等设备中没有预存的特别的字体，就不能正常显示。所以网站设计者会用图像代替特别的字体。这无形中减慢了用户浏览网页的速度。由于云字体服务是储存了大量字体的云端数据库，并能向其他网站发送字体信息，使用云字体服务的网站，即使网站阅览用户的设备上没有网站上用的字体，也可以让用户看到网站制作者指定的字体。云字体服务在个人电脑、手机、平板电脑等设备上都可以使用。

云字体服务不仅能够提供各种各样的字体，还可以实现文字的自动翻译、语音阅读。如可以在老年用户比较多的网站上显示适合老年人阅读的字体，增加语音阅读等功能。

## 七、专注分享工业设计信息的 Core77 设计奖

创建于 1995 年的 Core77 是美国一个专注于介绍全球工业设计行业信息的网站，发表的文章包括工业设计作品、工业设计论文、工业设计最新动向等内容，是一个比较权威的工业设计网站。该网站为广大设计师提供了一个交流和学习平台，拥有来自全球各个国家的工业设计粉丝，设计师在这里参加设计竞赛活动，展示自己的作品。Core77 提供了 17 个设计类别：消耗品、器材设备、纺织品、家具 & 灯具、室内 & 展示、视觉传媒、包装、交互、服务、交通、社会影响教育改革项目、战略 & 调研、设计评论、设计思考、DIY、食物设计、服务设计。其中服务设计竞赛项目指所有关于终端用户、传播、交易、基础设施、机构和组织系统的组织项目，如分配和传递系统、连接人与人或业务之间联系的方式、平台的建立或建立基于网络社区等。

## 八、我国服务设计的发展历程

我国高度重视现代服务业，采取了一系列的措施促进现代服务业的发展。为促进产业结构升级和经济增长方式转变，国家及各地区尤其是经济相对发达的沿海地区和中心城市，更加重视并采取了一系列的政策措施来促进现代服务业的发展，加快发展现代服务业已成为国家发展的战略重点。党的十五大第一次提出了现代服务业的概念，党的十六大明确指出要“加快发展现代服务业”；中央“十一五”规划进一步提出要“积极承接现代服务业等产业转移”，“引导外资更多地投向现代服务业等领域”；国务院发布的《国家中长期科学和技术发展规划纲要》设立了信息产业与现代服务业领域，并把“现代服务业信息支撑技术及大型软件”和“数字媒体内容平台”作为优先主题；国务院出台的《关于加快发展服务业的若干意见》对大力发展现代服务业提出了明确的要求，标志着加快发展现代服务业已成为新时期国家发展的战略重点之一。与此同时，关于软件、动漫、现代物流等行业发展的指导意见也纷纷出台，北京、上海、浙江、广东、福建等许多省市也都将现代服务业作为地方政府发展经济的重点。

我国发展现代服务业具有明显的优势。一是我国发展现代服务业具有极大的潜力和市场空间。“中国制造”的崛起、全面建成小康社会的战略举措、巨大

的人口资源和由此而形成的庞大的服务市场规模，为我国现代服务业发展提供了强大的市场驱动力，可以培育出一批具有国际竞争力和规模经济的龙头企业。二是通过国家信息化建设的推动，我国信息网络基础设施已达到一定的规模和水平，互联网用户上亿，固网、广电网与移动用户居世界第一，为我国现代服务业发展奠定了良好的基础。三是现代服务业是技术、资本和劳动密集型产业，发展现代服务业可以充分发挥我国劳动力资源丰富的优势，将我国在全球最大的人口资源转化为产业竞争优势。四是全球现代服务业仍处于发展阶段，相关体系与标准尚未健全，同时现代服务业服务模式具有鲜明的区域和文化特色，这种态势非常有利于推动相关国际标准与体系的建立，提升我国现代服务业的国际竞争力。五是现代服务业技术体系具有应用性、系统性、集成性的特点，使我国有可能通过面向应用的模式创新带动技术的系统集成创新，实现技术体系整体的跨越式发展。

“研究中国发展问题，就是设计的发展方向。”北京服装学院中国生活方式研究院副院长何颂飞认为，从服务设计角度看，中国的国情具有后现代性，即中国国情语境下的宏观设计矛盾主要聚焦于4000年的农耕文化与40多年的工业化、城市化，其间经历了从“城市依附于乡村—乡村依附于城市—城乡融合与共生”的过渡。从宏观看，中国服务设计的发展，需要我们进一步关注服务设计在中国文化可持续领域的应用和发展，包括人口迁徙所形成的文化认同与民俗协商、中国城市结构的超尺度现象、文化复兴背景下被约束和定义的新文化发展要求与个人价值实现的需求等问题。

关于未来发展设计服务型制造，要从3个方面进行思考：一是理念转型，智造创造；二是构建平台，要搭建“设计创造—生产制造—智慧营销—资本—产权保护—国际贸易”无缝隙衔接的资源平台，进而实现资源共享；三是加强人才培养，尤其是在设计思维方面的培养。

当前，我国已进入服务经济社会，服务业成为我国第一大产业。服务设计促进在设计创新、产业创新到产业融合的发展中，将在转型升级传统产业、推动发展新兴产业方面取得广度和深度上的突破。

## 第三节 服务设计的未来发展

随着信息化社会的发展，传统产品设计的含义逐渐扩展。人们物质基础在得到满足后更为看重的就是“体验”，产品的定义也不仅仅是物理产品，还包括服务在内的服务设计产品。服务设计在国内仍是一个刚开始发展的新专业，但其概念其实很早就得到了运用，平日里做设计工作时也已经在潜意识地运用服务设计的概念。现今社会设计不再是简简单单地解决问题，而是更多地站在用户的角度去思考用户体验，甚至创造体验并模拟他们的行为模式从而发现问题，这样我们才有可能创造出更新更好的产品与服务。在从工业社会到后工业社会的转变中，产品的服务系统设计通过以策略为核心，将服务以非物质的产品形式与物质产品有效地结合在一起，并对传统经济模式中涉及的供应、生产、销售、用户、废弃与回收处理、政府及公益组织等资源进行系统优化。其实质是开发一种新的商业模式，创造一种新的生活方式。由于我国的社会转型并未完成，对产品服务系统设计的研究也才刚刚起步，国内企业尤其是中小型企业尚未意识到其重要性。但是国外企业已经进行了对其的商业尝试。例如，美国某科技公司通过有限的设计、无限的服务取得了商业成功韩国某电子项目通过设计其产品和外部可能的第三方合作者产品之间的服务内容，从而形成了产品服务系统及新的商业模式。此外，国外院校对于产品服务系统的设计研究与应用，已从如何帮助商业成功转变为对公共问题、社会事务等进行策略性的产品系统规划及行动力实施，从而成为社会创新的一股新兴势力。不过，在国内进行产品系统设计的推广与实施还有漫漫长路要走，这不仅需要设计教育先行一步，也需要来自不同专业的学者进行共同研究和实践，更需要来自政府、企业、社会组织的支持和推广。

近年来在中国设计学术界，由于大批留学生从海外留学后带回了服务设计的理念，国内服务设计的呼声日渐高涨，服务设计容易被院校接纳。但服务设计在企业中的普及存在不少困难和问题。其原因主要在于服务设计工作的展开不仅需要具备设计专业技能的人员，还需要具备市场分析、商业策划、法律政策、生产制造等多种专业能力的人员参与。许多企业负责人坦言：“设计院校的学生的专业背景不足以掌控服务设计团队，是否能够成功主导服务设计项目有待提高。”对此，设计专业背景的学生虽然不能担任服务设计项目中的所有工作，但在服务设计项目团队中，设计专业的学生是必不可少的。这是因为与其他专业不同的是，设计专业是一门被公认的跨学科专业，尤其是工业设计、交互设计专业的学生，他们善于观察市场、观察用户，能够运用多个领域的知识进行创新。在中国，几乎所有的高校，都引入了设计市场调查、用户调查、设计评价、生产制造等相关的专业知识，用于辅导学生正确判断设计方案是否具备市场潜力、是否可行。同时鼓励学生在陌生的专业领域中搜集资料，用于验证自己的想法。设计已经不仅仅是一门教授美学的学科，设计专业的学生能够担任服务设计项目中绝大部分的工作。

国内很多企业还没有认识到服务设计可以给产品带来更多附加价值，可以给用户带来更好的体验。而在国际市场中，以服务设计完胜的产品案例举不胜举，相信在不久的将来，服务设计的理论可以从院校进入企业，并帮助中国的企业开发更多具备优良服务的产品。

2015 年 10 月，在韩国召开的第 29 届国际工业设计协会代表大会上，与会代表投票一致通过：将沿用近 60 年的“国际工业设计协会（ICSID）”名称改为“国际设计组织（World Design Organization)”，并对工业设计重新定义，新的定义如下。

“工业设计旨在引导创新、促发商业成功及提供更好质量的生活，是一种将策略性解决问题的过程应用于产品、系统、服务和体验的设计活动。它是种跨学科的专业，并将创新、技术、商业、研究及消费者紧密联系起来，共同进行创造性活动，并将需要解决的问题和提出的解决方案进行可视化，重新解构问题，并将其作为建立更好的产品、系统、服务、体验或商业网络的机会，提供新的价值以及竞争优势。(工业）设计是通过其输出物对社会、经济、环境及伦理方面问题的回应，旨在创造一个更好的世界。”

由此可见，国际设计界已经打破了传统设计专业的壁垒，未来的设计不再对产品设计、服务设计、交互设计进行明显的区分，而是将其整合在同一使用情境之下，并为社会、经济的发展作出贡献。

服务设计是服务经济形态下出现的一种新的设计范式，必定出现技术层面和思想层面的新痛点，对其研究需要进一步打破学科壁垒，整合不同学科的优势。

协同优化用户体验是服务设计未来发展的一个趋势，而理论发展离不开实践的助推及验证，因此发展本土化服务设计的创新实践是当务之急。与此同时，服务设计也是一种新的设计思维，对其进行深入研究将继续促进设计学的发展，能进一步加强我国现代设计理论与实践的结合。

随着移动互联网、人工智能的强势来袭，互联网产业中的新现象不容忽视，例如，AI 系统的开发在业界形成了不小的影响，人们在感叹 AI 高效作业的同时也在对 AI 有一定的偏见，毕竟让机器提供服务会取代一部分人的工作，而机器与 AI 在创造性工作中的和谐进化将是一个长久的课题。强调以人为本的服务设计思维会是一个很好的突破口，服务设计与 AI 的结合或许能以全新的姿态开启设计新时代。

# 参考文献


[1] 陈嘉嘉，王倩，汪加贝．服务设计基础[M]. 南京：江苏凤凰美术出版社，2018.

[2] 雅各布·施耐德，马克·斯迪克多恩．服务设计思维[M]. 郑军荣，译．南昌：江西美术出版社，2015.

[3] 刘军．服务设计思维与方法[M]. 北京：光明日报出版社，2022.

[4] 胡飞．服务设计：范式与实践[M]. 南京：东南大学出版社，2019.

[5] 高琳．艺术小镇服务设计评价体系研究[M]. 南昌：江西美术出版社，2020.

[6] 黄蔚．服务设计：用极致体验赢得用户追随[M]. 北京：机械工业出版社，2020.

[7] 胡莹．服务设计概念衍生阶段的设计模式与策略[M]. 长沙：湖南大学出版社，2017.

[8] 张淑君，王月英．服务设计与运营 30余家品牌企业服务运营深度揭秘[M]. 北京：中国市场出版社，2016.

[9] 吴春茂．产品服务与积极体验设计[M]. 北京：中国纺织出版社，2022.

[10] 邱越．可持续导向的产品：服务系统设计[M]. 北京：北京理工大学出版社，2019.

[11] 罗仕鉴，朱上上．服务设计[M]. 北京：机械工业出版社，2011.

[12] 布鲁斯·布朗，理查德·布坎南等编；孙志祥，辛向阳，代福平译．设计思想论丛 设计问题 第1辑[M]. 北京：清华大学出版社，2016.

[13] 鲁百年．创新设计思维：设计思维方法论以及实践手册[M]. 北京：清华大学出版社，2015.

[14] 陈宏辉．企业利益相关者的利益要求：理论与实证研究[M]. 北京：经济管理出版社，2004.

[15] 沃克·罗伊斯．软件项目管理 统一性框架[M]. 北京：高等教育出版社，2002.

[16] R．爱德华·弗里曼著；王彦华，梁豪译．战略管理 利益相关者方法 [M]. 上海：上海译文出版社，2006.
[17] 安琪，钱皓，高鑫．基于服务设计的艺术设计专业能力提升 APP 设计研究 [J]. 设计，2023，36（10）：18–22.
[18] 杨晓燕．服务设计思维下的产品设计研究——以无印良品壁挂式 CD 播放器设计为例 [J]. 鞋类工艺与设计，2023，3（2）：156–158.
[19] 张法祥．基于服务设计思维的企业博物馆展陈设计研究——以格力智能制造展览中心为例 [J]. 河南科技大学学报（社会科学版），2022，40（6）：31–36.
[20] 徐莹君．基于服务设计思维的服装品牌升级研究 [J]. 鞋类工艺与设计，2022，2（22）：11–13.
[21] 齐立稳．服务设计视野下视觉传达设计思维创新链研究 [J]. 艺术教育，2022（11）：208–212.
[22] 贾乐宾，葛秋，孙嘉棋．服务设计思维下超市智能购物车人机交互设计实践 [J]. 设计艺术研究，2022，12（5）：64–68.
[23] 杨杰，叶迅荣．服务设计思维下的地域文化品牌应用研究 [J]. 设计，2022，35（9）：41–43.
[24] 侯洁茹，牛岁清．服务设计思维下的传统手工艺创新发展研究 [J]. 科技与创新，2020（9）：52–53；57.
[25] 陈镇．服务设计思维下的“非遗”产品整合设计研究：以智能猫砂盆为例 [J]. 西部皮革，2020，42（10）：3–4.
[26] 张莹，陆金生，周丰．服务设计思维下的城市公共设施设计 [J]. 包装工程，2021，42（10）：303–308.
[27] 温馨，熊微．Human Library 服务设计研究 [J]. 设计，2016（1）：80–81.
[28] 高萍．服务设计思维下的宠物智能家居产品设计研究 [D]. 沈阳：鲁迅美术学院，2022.
[29] 张纪鑫．后疫情时代服务设计思维下的智能家居产品设计研究 [D]. 沈阳：鲁迅美术学院，2022.
[30] 蔡诗轩．服务设计思维下智能洗手机系统设计研究 [D]. 沈阳：鲁迅美术学院，2022.
[31] 曾节巧．服务设计思维下的产品交互设计方法探究 [D]. 天津：天津美术学院，2022.

[32] 吴冠婷．基于服务设计的母婴电商 APP 界面设计研究 [D]. 南昌：南昌大学，2022.

[33] 舒舰瑶．基于服务设计理念的箱包创新平台设计研究 [D]. 鞍山：辽宁科技大学，2022.

[34] 计长春．基于服务设计的高铁站服务机器人设计研究 [D]. 北京：北京交通大学，2022.

[35] 苏晨飞．服务设计语境下的乡村博物馆空间创新研究 [D]. 徐州：中国矿业大学，2022.

[36] 安琪．基于服务设计思维的城市流浪动物助养系统设计研究：以辽宁省博物馆为例 [D]. 北京：北京化工大学，2022.

[37] 袁天杨．基于服务设计理念的文创产品设计研究 [D]. 沈阳：鲁迅美术学院，2022.